歴史文化ライブラリー

568

江戸の
キャリアウーマン

奥女中の仕事・出世・老後

柳谷慶子

吉川弘文館

目　次

奥女中の就業規則

奥女中と出会う――プロローグ

奥女中に始まる武家

「私は奥女中の家の生まれです」。仙台藩伊達家《だてけ》の歴史をとりあげた講演の終了後に、聴講者の一人から声をかけられた。二〇一三年六月のことである。「老女《ろうじょ》」を務めた奥女中の名前で藩士に取り立てられたという、実家の由緒をひとしきり話してくださった。

ここでいう「奥女中」とは、武家屋敷に奉公する女性のことであり、本書の主役である。江戸城大奥を扱った時代劇や映画などは数多いが、そうした媒体を通して奥女中のイメージを抱いている読者は、少なくないことだろう。主人の身辺に仕えて日常的な世話をする女性を思い浮かべがちであるが、実際に奥女中が担っていた役割は、そうした想像には収まらない。奥女中はどのような仕事に従事し、いかなる働きをしていたのか、これが本書の大きなテーマである。結論を先取りすることになるが、奥女中は、高いスキルを持ちあわせ、大名家を支える役務の一端を担っていた。そうした意味で、まさに江戸時代の「キャリアウーマン」といえる存在なのである。

話を冒頭の発言に戻そう。「奥女中の家の生まれ」とは、どういう意味なのだろう。江戸時代の武家系図を検討すると、奥女中に養子や跡目が立てられて、藩士の家が興される例があったことが知られる。父系的な家を社会の基礎単位としていた江戸時代であるが、女性の由緒に基づいた武家が創設されることがあり、現在に至るまで連綿と子孫を繋げているのである。

藩士であった先祖の功績を語る方には何人もお会いしているが、このときまで奥女中を先祖としてリアルに語る方にお目にかかることはなかった。史料による気づきを実態として知ることになった衝撃は、忘れられない。

男性家臣と奥女中

江戸時代の政治史研究はながらく、将軍家や大名家の「表向《おもてむき》」にもっぱらの関心を向けて、豊かな史実を掘り起こしてきた。「表向」は、男性当主と男性家臣が政治や儀式を行う空間である。一方、江戸城をはじめ大名の江戸屋敷や居城には女中が働く「奥向《おくむき》」が存在した。奥向は、当主とその家族の日常の暮らしが営まれる空間である。機能的には、当主の血筋を引く子どもを出産・養育して家を存続させること、交際を通して他家との良好な関係を築き家を繁栄させることを役割とされた領域である。奥向はこうして表向とともに、大名家を支える両輪であった。奥女中は男性家臣と同様に、主従関係のもとで与えられた職務に従事し俸禄《ほうろく》を得る家来であった。

だが、男性家臣と奥女中には根本的な違いがある。男性家臣は文字通り主家に仕える臣下であるのと同時に、みずからが家督の立場にあり、俸禄と役職を世襲して主君に奉公する。これに対して奥女中は、生まれた家を出て、個人として城や江戸屋敷に住み込み、大名やその家族に直接仕えるのであり、その奉公は当人一代限りとされた。奉公期間中は当家の身分関係にのみ包摂され、女中としての名前を与えられる。

才覚次第で出世が可能

家柄により役職や昇進がある程度規定された男性家臣と異なり、奥女中は、自身の働きや才覚次第で昇進することが可能であった。そうしたなかで、俸禄を受け継ぐ養子の擁立を願い出て、みずからの家を興こすことを許された者もいる。女の身一つの働きで武家を興したのである。この事実は女性の武家奉公の特質にとどまらず、家臣団の成り立ちをみるうえでも注目されてよいだろう。

とはいえ、家を興すことができた奥女中は、ごく一部にすぎず、まさしく氷山の一角である。老女や若年寄《わかどしより》など上位の役職に昇進するためには、生涯にわたる奉公を決めて地道にキャリアを積み上げ、健康を保ち、勤続年数を延ばす努力を必要とされた。そうして築いた年功を評価され、老女に抜擢されても、家の取り立てには思召しや運も左右して、望みを叶える例は限られた。だが、長く仕えた奥女中に対して、大名家は、老後の暮らしを支える処遇を施している。一方、御殿の奥座敷に伺候する上級女中の仕事は、掃除や水汲みなど、日々下働きに従事する女中たちによって支えられていたことも念頭に置く必要がある。

本書は、奥女中の仕事の中身だけでなく、彼女らのキャリア形成や待遇、老後の暮らしについても注目していきたい。

奥女中は何人いたか

そもそも奥女中はどれほどの数がいたのだろうか。江戸時代後期の天保年間（一八三〇～四四）の記録によれば、将軍家だけでも、本丸大奥に一二代将軍家慶《いえよし》付と御台所《みだいどころ》（将軍正妻）喬子《たかこ》付で二七九人、西丸大奥に大御所家斉《いえなり》付と大御台所寔子《ただこ》付で二六七人、女子が嫁いだ七ヵ所の大名家の御殿に三五七人、合わせて九〇三人の直雇いの女中がいたことがわかっている。このほか部屋方《へやかた》（奥女中の使用人）の女中を加えると、合計で二五〇〇人に達していたとみられている。

これに二五〇家に及んだ大名家の複数の屋敷と、旗本《はたもと》・御家人《ごけにん》の屋敷を含めると、江戸の武家屋敷に勤める奥女中の需要はこの当時、少なく見積もっても数万人に上るといわれている〔竹内他二〇一五〕。このほか大名の居城には江戸屋敷の半分程度の女中が存在したとみられる。

奥女中の出自

武家の奥向研究が進展するなか、奥女中に関していち早く検証が進んだのは、江戸城大奥に奉公した下級女中である。近郊農村の豪農の家に生まれた娘たちの、年季奉公で採用されるまでの経緯や、退職後に上司や同僚との交流が続いた暮らしぶりなどが、具体的に掘り起こされている〔畑二〇〇一、大口二〇一六〕。ただし、江戸城大奥で直雇いの女中の大半は武家の出身者である。一三代将軍家定《いえさだ》付の女中一八五人のうち、七〇％以上は武家の出自であり、大方は幕臣で番方《ばんかた》と小普請組《こぶしんぐみ》の家族が大きな割合を占めていたことがわかっている〔竹内他二〇一五〕。

大名家の奥女中も大半は武家の出であり、基本的には家臣や陪臣の家族で担われた。家臣のなかには、主家への奉公にあたって娘・母・妻による女中奉公を組み込み、家族ぐるみで果たしている者が一定程度いたのである。ただし江戸屋敷の人員は、国元から上府させる家臣の家族だけでは充足されず、江戸に居住する旗本・御家人や、大名家臣の家族を随時採用して揃えられた。また、下級女中については、庶民から雇用される者が多かった。武家に生まれた女性にとって奥女中は、家の外で働くことを許された唯一の職域であったことも指摘しておきたい。

大名屋敷のジェンダー構造と「奥向奥方」

ここで、本書で使用する表向・奥向の用語と、奥向内部の区分けを整理しておこう。これまで一般的に使われてきた表と奥の名称は、家の公私の機能を男女の居住区域とともに分別した用語である。ただし表の殿舎の一角に「中奥《なかおく》」や「奥」の名で呼ばれる当主の日常の居所があり、女性の空間である奥の殿舎の一角に男性家臣もいるなど、空間の実態は入り組んでおり、これらを捉える用語は多義的で、曖昧なところがあった。加えて、奥殿舎は大名家ごとに、「奥方《おくかた》」「御末《おすえ》」「大奥《おおおく》」「御局《おつぼね》」「御裏《おうら》」「広敷《ひろしき》」など、異なる名称で呼ばれていたことも、奥向を煩雑な空間として印象づけてきたといえる。こうしたなか、福田千鶴氏により近年、表と奥の区分けに新たな概念が提示されている。武家屋敷の空間を「表向」と「奥向」に分けた上で、奥向の内部をさらに男性が中心となり運営される「表方《おもてかた》」と、女性が中心となり運営される「奥方《おくかた》」に分けるものである〔福田二〇一八〕。これをもとに概念図を示すと図1のようになる。江戸城でみると、将軍の日常の居所である奥（従来「中奥」と呼ばれた区域）は「奥向表方」に、大奥は「奥向奥方」に該当する。

「奥向奥方」の内部はさらに、当主の妻子の住居である御殿向《ごてんむき》と、かれらの世話をする女中の宿舎である長局向《ながつぼねむき》、奥方の事務と警備を担当する男性役人が勤務する広敷向《ひろしきむき》に分かれる。この理解に基づいて性差の境界を見渡せば、線引きされる場所は表向と奥向の境

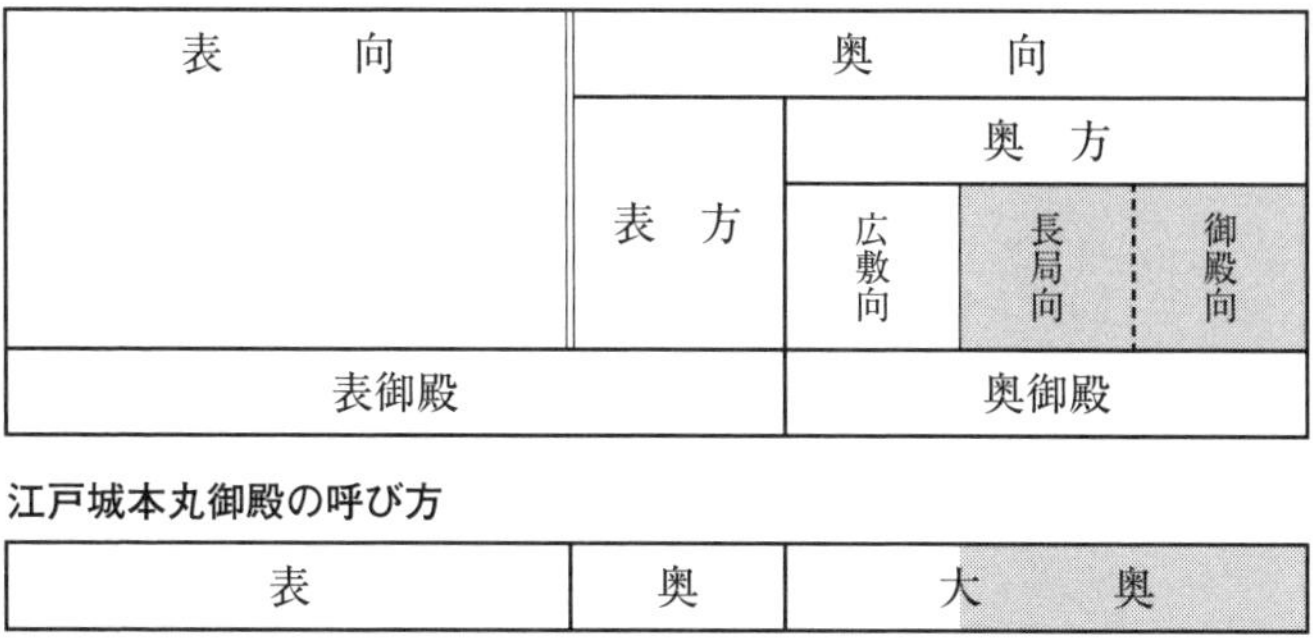

網かけ部分が女の空間.

図1　奥向・表向の概念図

ではなく、奥向のなかの表方と奥方である。さらに厳密にみれば、奥方のさらに内部ということになる。

本書は、福田氏の提唱に従い、大名屋敷の区分として、表向・奥向表方・奥向奥方の用語を使用する。ただし史料用語を使う際は、仙台藩の「奥方」のように括弧でこれを表記する場合がある。

本書の構成

本書は、大名屋敷に奉公した奥女中に対象を絞り、奥向奥方にあって大名家を支えた女中の役割を具体的に描いていく。なかでも奥方の事務や管理、交際の実務に従事する「役女《やくじょ》」に着目し、そのキャリア性に迫ることにしたい。仙台藩伊達家を主軸に据えるが、これは筆者が主要に分析してきた対象であり、関係史料が比較的多く見出せるからである。また将軍家の姻戚となり、江戸城大奥と遜色のない職制が整備され、かつ多数の親族家と交際を行っていた大名家であり、これを支える奥女中の仕事を具体的に描き出せるからである。以下の本論では、まず「伊達家歴代の「奥向奥方」」と題して、奥女中の仕事をみるうえで前提となる、奥向奥方の成り立ちと、職制の整備の過程を、伊達家歴代の相続と合わせて叙述する。そのうえで、本書の核たる奥女中の職務内容や、実際の働きぶりをみていく構成となっている。最後に、老齢期を迎えた奥女中をとりあげ、名跡立《みょうせきだ》てについて具体的に述べてみたい。

本書の叙述で引用史料は現代語に訳すことを基本とするが、原文が短く、平易なものについては、そのまま記して大意を併記するか、読み下し文を示すことにする。歴史的用語は、初出の段階で括弧を記し、再度表記する際は括弧をはずして煩わしさを避けるようにした。参考にした論考などは〔 〕を付して著者・編者と刊行年次を示し、引用史料については（ ）で史料名を記し、巻末の文献一覧に情報を掲載した。

奥女中の職務や勤務環境、キャリアの様相、老後の処遇に関心を向けることにより、江戸時代の実像はどのように浮かび上がってくるのか。また江戸時代の歴史は現代社会をどのように照射するものとなるのか。そうした関心に応える一書となることを心して叙述していきたい。

伊達家歴代の「奥向奥方」

伊達家の相続と奥女中

仙台藩主伊達家の相続

仙台藩伊達家《だてけ》は陸奥国仙台を城地として、六二万石余を領有する外様《とざま》大名である。加賀藩前田家《かがはんまえだけ》、薩摩藩島津家《さつまはんしまづけ》に次ぐ国持《くにもち》大名の格式を与えられ、藩主（当主）は代々松平陸奥守《まつだいらむつのかみ》の称号を、世子《せいし》は将軍面前での元服《げんぷく》と将軍諱《いみな》の一字拝領を許されていた。本章では、伊達家歴代の奥向奥方《おくむきおくかた》の成り立ちと女中の職制について述べていくが、これに先立って、幕末まで一三代二六〇年にわたった伊達家の相続を概観し、相続を支えた奥女中の役割に触れておきたい。表1は、歴代の藩主夫妻と子女に関する情報をまとめて示したものである。本書を通して名前を記すことになるので、随時参照していただきたい。

伊達家の相続は、初代藩主政宗《まさむね》の血筋を幕末の一三代慶邦《よしくに》まで、連綿と守り伝えていた。

だがその内実は、幾多の悲運に見舞われ、八代以降はとくに早世が続いて、綱渡りの連続であったといえる。

三代綱宗《つなむね》は襲封《しゅうほう》三年にして、不行跡を事由に幕府に逼塞《ひっそく》隠居を命じられた。そのため嫡男の亀千代《かめちよ》が四代を継ぎ、元服して綱村《つなむら》を名乗るが、相続時はわずか二歳の幼児であった。綱村は三人の子をもうけたが、みな幼少時に死亡する。そこで一門の宮床《みやどこ》伊達家から従弟の村房《むらふさ》（五代吉村《よしむら》）を養嗣子に迎えることで、宗家の血脈を存続させた。八代斉村《なりむら》は二三歳の若さで急逝し、嫡子の政千代《まさちよ》（九代周宗《ちかむね》）が跡目を継いだが、幼君と呼ぶにもあまりに幼い、生後六ヵ月の赤子による相続であった。周宗は婚礼を前に一七歳で病没し、異母弟の斉宗《なりむね》が一〇代を継いだが、後継の男子が育たないなか、二四歳で死去する。そこで斉宗の娘蓁子《もとこ》に娶《めあわ》せる婿養子として、内分《うちわけ》大名（分家）の一関藩《いちのせきはん》田村家《たむらけ》から斉義《なりよし》が迎えられ、一一代を継いだ。だが斉義も早世し、斉義の長女徽子《のりこ》に婿養子を配する、いわゆる姉家督の相続により、一門の登米《とよま》伊達家から斉邦《なりくに》が迎えられ、一二代を継いだ。斉邦もまた子をなす前に亡くなり、世子とされていた徽子の弟慶邦が一三代を継いだのである。

子女の誕生と生母

血筋の子女を出産し養育するのは正妻と奥女中の使命である。歴代の子女の出生を見渡しながら、この点を確認してみよう。表1には、正妻、および正妻以外で当主の子どもを産み「生母《せいぼ》」となった女性の人数、および子女の

子女	
名前（太文字は正妻所生，下線は次代当主）	夭折子女
男子：秀宗・忠宗（2代）・宗清・宗泰・宗綱・宗信・宗高・宗実・宗勝・宗根 女子：五郎八・牟宇・岑・千菊・津多	竹松丸
男子：光宗・宗良・五郎吉・宗倫・綱宗・宗規・宗房・宗章 女子：鍋	虎千代
男子：綱村（4代）・村和・宗贇・村直・ 女子：清・類・三・智恵・綺羅	菊之允・吉十郎・千・那礼・牟須・由布・多気
	扇千代・高・伯
男子：村風・宗村（6代）・村隆・村良 女子：村子・徳子・琨子・藤子・昌子	村匡・武三郎・某・富之助・英・橘・敏
男子：重村（7代）・利徳・村倫・利置・正敦 女子：惇子・沛・敬子・済子・瑛・方子	久米之丞・某・藤七郎・某・直・従・才・房・珈
男子：斉村（8代） 女子：助子・詮子・暾子・呈子・灌子	総三郎・仙三郎・女・女・甫子・慈・籌・女
男子：周宗（9代）・斉宗（10代）	
女子：蓁子	寔丸
男子：慶邦（13代） 女子：徽子・保子	祺丸・依

表1　伊達家歴代当主夫妻と子女

代数	当主と正妻	享年	当主年代／正妻出自		
				人数	生母
1	政宗〈貞山〉	70	天正12～寛永13（1584～1636）	16人	7人
	愛姫（陽徳院）	86	三春城主田村清顕娘		
2	忠宗〈義山〉	60	寛永13～万治元（1636～1658）	10人	4人
	振姫（孝勝寺）	53	2代将軍徳川秀忠養女（池田輝政娘）		
3	綱宗〈雄山〉	72	万治元～万治3（1658～1660）	16人	7人
4	綱村〈肯山〉	61	万治3～元禄16（1660～1703）	3人	
	仙姫（万寿寺）	48	小田原藩主稲葉正則娘		
5	吉村〈獅山〉	72	元禄16～寛保3（1703～1743）	16人	3人
	貞子（冬姫・長松院）	57	内大臣久我通誠養女（久我権中納言通名娘）		
6	宗村〈忠山〉	39	寛保3～宝暦6（1743～1756）	20人	7人
	温子（利根姫・雲松院）	29	8代将軍徳川吉宗養女		
7	重村〈徹山〉	55	宝暦6～寛政2（1756～1790）	14人	7人
	年子（惇姫・観心院）	61	関白近衛内前養女（広幡大納言長忠娘）		
8	斉村〈桂山〉	23	寛政2～寛政8（1790～1796）	2人	1人
	誠子（興姫・信証院）	22	関白鷹司輔平娘		
9	周宗〈紹山〉	17	寛政8～文化9（1796～1812）		
10	斉宗〈英山〉	24	文化9～文政2（1812～1819）	2人	2人
	信子（鍇姫・信恭院）	33	紀伊徳川治宝娘		
11	斉義〈正山〉	30	文政2～文政10（1819～1827）	5人	2人
	蓁子（芝姫・真明院）	43	10代藩主伊達斉宗娘		

男子：宗基・邦宗	禎丸・松五郎・某・徳六郎・斐・婉・女
(67人)	(46人)

企画展「仙台藩主勢ぞろい」パンフレット，秋元2013・2015・2016.

人数と名前を加えている。正妻以外の生母と、夭折《ようせつ》を含めた子女の情報は、墓碑の研究者である秋元茂陽氏により、伊達家の墓所などに立てられた石碑と文献を照合した調査が行われており〔秋元二〇一三・二〇一五・二〇一六〕、その成果に基いている。

三代綱宗は、二一歳で逼塞隠居を命じられたため正妻を迎えなかった。九代周宗は、婚礼前に亡くなり正妻はいない。一三代慶邦には先妻と後妻がいたので、歴代の正妻は合わせて一二人である。正妻以外に生母となった女性は四三人を数える。召出された時点で側妻（側室）として処遇されたと思われる者がいるが、大半は奥女中として近侍するなかで子を産んでいる。

合わせて一一三人の子女のうち、正妻が産んだ子女の数は、初代政宗正妻愛姫《めごひめ》が三人、二代忠宗《ただむね》正妻振姫《ふりひめ》が三人、四代綱村正妻仙姫《せんひめ》が三人、五代吉村正妻貞子（冬姫《ふゆひめ》）が四人、六代宗村《むねむら》正妻温子《はるこ》（利根姫《とねひめ》）が二人、七代重村《しげむら》正妻年子《のぶこ》（惇姫《あつひめ》）

12	斉邦〈龍山〉	25	文政10～天保12（1827～1841）		
	徽子（綏姫・栄心院，後に勁松院）	39	11代藩主伊達斉義娘		
13	慶邦〈楽山〉	50	天保12～明治元（1841～1868）	9人	3人
	①備子（綱姫・備晃院） ②孝子（八代姫）	25 29	①近衛内大臣忠熙養女 ②水戸徳川斉昭娘		
合計				113人	43人

注：生母の人数は正妻以外を示す．
出典：『仙台藩歴史事典』（仙台郷土研究会編，2002年），仙台市博物館2013年度

が三人、八代斉村正妻誠子《のぶこ》（興姫《おきひめ》）が一人で、合計一九人である。初代政宗・二代忠宗・六代宗村・九代周宗の四人は正妻から生まれた藩主である。残る九人の藩主を含む子女たちは、奥女中を中心とする女性たちから生まれている。つまり一三代にわたった仙台藩伊達家の相続は、一二人の正妻と、知られるだけで四三人の伊達宗家の生母たち、さらに伊達一門や分家で生母となった女性たちによって支えられていたのである。

養育を担う責務

一方、一一三人の子女のうち約四割を占める四六人が夭折している。四代綱村の正妻仙姫は三人の子女をもうけたが、ともに幼少時に死去した。六代宗村の側妻坂氏《さかし》（性善院《せいぜんいん》）は九人を出産し、このうち五人が夭折している。八代斉村以降は当主の短命が続いて、出産自体が減少する。子どもの夭折は一九世紀前半まで、将軍家や他の大名家においても、長く続いた動向である。伊達家の分家である一関藩田村家では、六代宗顕《むねあき》の正妻鐮《かね》が文化

十二年（一八一五）から文政八年（一八二五）まで、二男六女を出産したが、七代を継いだ嫡男の邦顕《くにあき》を除いて、残る七人はみな生後六ヵ月から二年のうちに死亡している。

子を産むこと自体が命がけといえる時代でもあった。六代宗村の正妻温子は、延享二年（一七四五）閏十二月に第二子の女子を産んだが、この女子は即日死亡し、温子も一三日後に息を引き取った。温子の第一子惇子《あつこ》（源姫《もとひめ》）は、佐賀藩鍋島家《なべしまけ》七代重茂《しげもち》に嫁いで第一子の源丸を出産後、母子ともに死亡した。七代重村娘の暾子（生姫）は、寛政二年（一七九〇）三月に鳥取藩池田家《いけだけ》六代治道《はるみち》に嫁ぎ、翌寛政三年十二月に治道の四女弥姫《いよひめ》を産んだ後、翌四年六月に二一歳で没した。八代斉村の正妻誠子は、寛政八年四月に嫡男政千代（九代周宗）を出産後まもなく、二二歳で生涯を終えた。正妻と、正妻から生まれた子女の誕生や死没の情報は、家譜に記録が残される。だが、正妻以外の生母の産死や、誕生間もない庶子の死亡は記録されない例があることも、念頭に置く必要がある。

幼少の身で当主となった四代綱村と九代周宗はもとより、子女にはそれぞれ、乳母《めのと》や抱守《だきもり》をはじめとして、養育に専従する女中や、責務を担う立場の女中が付けられていた。鳥取藩池田家には、こうした女中の覚悟と矜持を伝える逸話が伝えられている。七代重寛《しげのぶ》の第一子治恕《はるひろ》の「御育《おそだて》」（養育係）を命じられた「御年寄《おとしより》」の浦野は、若君に怪我があってはならないと前歯二本を折ってから勤めに出ていたという〔谷口二〇一四〕。幼君や世継ぎの養育に尽くした女中の姿は、ひろく大名家の歴史に埋もれているものと思われる。大名家の相続を血筋の継承という観点から見渡してみると、いのちの誕生と存続を支える奥女中の役割の重要性が浮かび上がる。

伊達家の「奥方」と「中奥」

つぎに、奥向奥方に関する基本的な事項を伊達家に即して押さえておきたい。まずは屋敷と「奥方」の名称についてである。

伊達家は初代政宗から三代綱宗の時代は、江戸城に近い外桜田《そとさくらだ》に江戸屋敷を拝領し、これを当主の居所である上屋敷（藩邸）とした。その後、上屋敷は四代綱村の時代の寛文年間（一六六一〜七三）に外桜田から愛宕下《あたごした》に替地となり、さらに芝口《しばぐち》の浜屋敷に移された。以来、幕末まで二〇〇年間、浜屋敷が上屋敷として使用された。また、愛宕下に世子の住まいとする中屋敷（本屋敷ともいう）を置き、麻布《あざぶ》・品川《しながわ》・袖ケ崎《そでがさき》（大崎《おおさき》）に隠居の住まいなどとして下屋敷を置いた（仙台市二〇〇三）。江戸上屋敷で正妻の居所である奥向奥方は、「奥方《おくかた》」と呼ばれ、「奥方」に勤める女中は「御奥方女中《おんおくかたじょちゅう》」と総称された。

一方、国元の仙台城には、当主が在国の折に世話をする女中の組織が置かれ、その区域は「中奥《なかおく》」と呼ばれていた。「中奥」はつまり仙台城における奥向奥方である。行論では以後、伊達家の奥向奥方を江戸上屋敷と仙台城を区別して呼ぶ際には、カッコを用いて

「奥方」「中奥」と記し、概念として使う際はカッコをはずし奥方と記して、両者を区別する。

奥女中は基本的に仕える主人を定められる人付きの仕事である。勤務場所は江戸の複数の屋敷と国元の仙台城に分けられたが、江戸の中屋敷から上屋敷へ、また仙台城の「中奥」から江戸上屋敷の「奥方」へ異動を命じられることもある。本章では、主に江戸上屋敷（藩邸）の奥方に配置された当主と正妻付の女中組織に焦点を絞り、その変遷をたどっていく。上屋敷に勤める女中は、国元から上府した仙台藩士の家族のほか、伊達家が江戸で採用した者、婚礼により正妻の実家から随従した者がおり、その出自は多様である。正妻は、縁組に幕府の許可を必要とされた二代忠宗以降、徳川将軍家の養女が二人（二代忠宗正妻振姫・六代宗村正妻温子）、御三家の娘が二人（一〇代斉宗正妻信子《のぶこ》・一三代慶邦後妻孝子《たかこ》）、公家の娘・養女が四人（五代吉村正妻貞子・七代重村正妻年子・八代斉村正妻誠子・一三代慶邦前妻備子《とみこ》）、幕府老中の娘が一人（四代綱村正妻仙姫）で、一一代斉義・一二代斉邦の正妻は先代当主の娘であり、つまり伊達家の女子であった。こうして、江戸上屋敷の奥方に仕える女中は、当主の代替わりによって頻繁に入れ替わることになった。

女房から女中へ

ここまで、奥向奥方に勤める女性の存在を「女中《じょちゅう》」と記してきたが、江戸時代前期の史料に即してその名称を示せば、「女房《にょうぼう》」である。女房は、平安時代から禁裏《きんり》や上級公家の奥向に仕えていた高位の女性を呼んだ名称であるが、戦国大名の奥向では、京都から公家の娘を召出したことを機に、上級女中の総称として「女房」が使われるようになった。また、朝廷や摂家の職制が取り入れられ、「上臈《じようろう》」（上臈とも書く）や「局《つぼね》」の役職が置かれるようになる。

江戸時代初頭の大名家において女房衆の存在は、薩摩藩島津家の慶長年間（一五九六～一六一五）の史料にひろく確認されている〔長野二〇〇三〕。島津本宗家の娘である亀寿《かめじゆ》に仕えて功績を称され、三〇〇石もの知行地を宛がわれた御まつの例があるが、大方は家臣の娘たちで、一〇～二〇石程度の知行地を支給されていた。役職として上臈と局がおり、御乳持《おちちもち》と並んでいるが、大半の女房は名前だけ記されている。伊達家の場合も、慶長年間から寛文年間（一六六一～七三）まで、女房の名称がみえており、その後は女中に統一されていく。行論では、奥方に勤務する女性の総称を「女中」とするが、史料に即して女房の名称も使うことにしたい。

女中の系列

女中の構成は、役女《やくじよ》・側《そば》・下女《げじよ》の三系列に分けられる。ただし伊達家で役女系列は、江戸時代後期に「外様」「外様向」「外向」と呼ばれている。詳細は個々の職掌とともに次章でとりあげるが、ここでは一般的な三系列に従って、ひろく大名家に置かれた役職を簡単に説明しておこう。

まず役女系列は、奥方の事務や管理などの実務を担当するほか、表向・奥向表方の男性役人や、江戸城・親族大名家の女中など、外部との連絡・交渉を担う。単純な職制では局《つぼね》や老女《ろうじょ》（年寄）のみで担われるが、役割分掌が進むと、若年寄《わかどしより》・表使《おもてづかい》・錠口番《じょうぐちばん》・右《ゆう》筆《ひつ》などの役職が置かれる。

側系列（側向）は、主人の側廻りにいて日常の世話をし、側妾《そばめ》となる者もいる。中臈《ちゅうろう》（中老と記す例も多い）・側《そば》・小姓《こしょう》などの役職で担われた。

下女系列は、役女や側向の役職の下に置かれて、さまざまな雑役に従事する。基本は次《つぎ》・中居《なかい》・末《すえ》の役職で担われるが、中居は三之間《さんのま》・台子《だいす》・使番《つかいばん》に、末は茶之間《ちゃのま》・半下《はした》などに分化した。

つぎに、職制の上位に置かれた上臈・局・老女について説明を加えておこう。上臈は、禁裏では最上位に置かれた女官の名称で、江戸時代前期までは摂家に次ぐ家格である清華《せいが》家《け》の娘が任じられている〔久保二〇一三〕。将軍家や一部の大名家で、京都の公家出身の女性を上臈（大上臈・小上臈）として迎え、正妻付の女中組織の最上位に置いて、正妻の側廻りと御用に専従させた。伊達家の場合も歴代の正妻付に上臈が長く確認される。

局は、禁裏女官の職制では、最上位の階層（尚侍《ないしのかみ》・典侍《ないしのすけ》・掌侍《ないしのじょう》）を呼ぶ名称であるが、武家の奥向の職制に取り入れられ、役女系列の筆頭に据えられた。子女の誕生時に乳母として仕えた女性が、成長後も人格的な繋がりを背景に、局の役名で仕える慣習が生まれていた。当主付を表の局、正妻付を奥の局と呼ぶ例があるが、伊達家ではそうした区別はみられない。

一方、老女は、「年寄」の名前で登場し、以来老女とも呼ばれるようになる。江戸時代の武家の奥方に生まれた役名であることが重要であり、創設時は局の下に位置付けられたが、やがて奥方の総取締りとして実権を握るようになる。そうした点から、女中の職制に老女がいつの時点で登場し、奥方を統括する地位となるかは、注視したい点の一つである。伊達家の史料では「御年寄」のほか、「御年寄女中」「御老女中」「御老女」の名称が混在している。本書では基本的に「老女」で統一し、史料から引用する場合など必要に応じて「御年寄」「御老女中」などの表記を用いることにしたい。

これから伊達家歴代の奥方の成り立ちと女中組織の変遷をたどっていく。幕末まで一三代二六〇年にわたった歴史を三区分して、初代政宗から四代綱村（一七世紀初頭から一七世紀末）、五代吉村から七代重村（一七世紀末から一八世紀末）、八代斉村から一三代慶邦（一八世紀末から一九世紀半ば）に分けてみていくことにしたい。

初代政宗から四代綱村まで

仙台藩主伊達家の初代政宗は、徳川家康から江戸の外桜田に屋敷を拝領し、国元では青葉山《あおばやま》の一画に仙台城を築城した。ともに家の機能を表向と奥向に区分し、奥殿舎に女性の空間として、奥向奥方を配置した。江戸の外桜田屋敷は、正妻愛姫《めごひめ》（田村氏、陽徳院《ようとくいん》）の居所でもあった。愛姫は承応二年（一六五三）に八六歳でみまかるまで、外桜田屋敷に暮らしている。

政宗の代の奥女中

政宗時代の奥方の組織の詳細は知られないが、相当数の女中が存在したことを推測できる史料がある。政宗に奥小姓《おくこしょう》として仕えた木村宇右衛門《きむらうえもん》により、慶安五年（一六五二）以降に成立したとされる『伊達政宗言行録』（以下、『言行録』と記す）には、毎年十二月二十七日に行われた「煤掃《すすはき》」の行事と関係して、興味深い逸話が書き留められている。

この日は、「おもておとこをはらい《表男払い》」をして、「女中方」を奥方（原文では「奥」）の建物から、表御殿の御座之間《ござのま》、御書院《ごしょいん》、その他の御座敷などへ、人数を分けて入室させ、さらに「はしたもの《端者》まで」もそれぞれの部屋に移動させ、そこへ奥小姓を一人ずつ付けて、「ていしゅふん《亭主分》」で朝から暮れまで、「御振舞ちそう《馳走》」をしたというのである。ここでいう「女中方」とは、政宗の正妻愛姫と娘たち、および奥女中を合わせた、奥方の女性全体を指した言い方とみられる。「はしたもの」とは、奥女中たちが抱えていた使用人の女中であろう。奥方ではこの間に、常日頃作事《さくじ》（修繕などの作業）に来ている家持の小奉行二、三人や諸職人、人足などが、奥小姓一人の監督のもとで、隅々まで残らず煤掃を行い、畳の表替えも一日で終わらせた。以前から準備を整えることにより、このように実行することができたという。つまり煤掃は、年末の行事であるのと同時に、実質的に奥方の大掃除を行う一日であったといえよう。こうして女性たちは夕方には、掃除が完了した奥方の建物へ戻ったのである（『言行録』一八二頁）。

　この説明から、表御殿の座敷の大半を占めるほどの奥女中がいたことが知られる。政宗の子女のうち一〇人近くが江戸と仙台に分かれて暮らしていた時期があるので、召抱えた女中が多かったのである。政宗夫妻に仕えた女中も、大名としての格付けからすれば、後述する二代忠宗の時代と変わらない、三〇人を下らない人数がおり、それぞれ役割を定められて任務に就いていたことが推測される。

ところで、「奥方」の煤掃に際して政宗は、「おもておとこをはらい」をしていたとあるので、男性家臣を表の殿舎から立ち退かせていたことがわかる。つまり表の殿舎を終日、女性たちに開放していたのであるが、これ自体、注目されてよい事実である。

政宗による表向の開放

藩主が出座する御座之間は、後年の屋敷絵図によれば、表殿舎の奥部に置かれた奥向表方の区域に設けられている。御書院は、表御殿の中心にある表向の座敷である。儀式と執務の空間である表向は、これを担当する男性家臣のジェンダーロールと結びついて、男性家臣によって独占された空間である。政宗は、表御殿に配置されたこれらの座敷を終日、奥御殿に暮らす女性たちに移動場所として開放していたのである。正妻・娘・奥女中を男性家臣と長時間、同一空間に置くわけにはいかない。家臣にはそれぞれ自分の家や長屋があるので、退去を命じても問題はなかった。こうして、下位の女中たちまで表殿舎に移動させたうえで、煤掃の祝儀と称して、終日の宴会が催されていた。このような段取りで行われる奥方の煤掃は、政宗の時代は毎年、江戸屋敷と国元の城の双方で催される「吉例」であった。つまり長く慣習として続いていたのである。

次代の忠宗以降、煤掃の間に女性たちが奥方の外へ移動した様子は史料的に確認できない。後述するように、一九世紀前期の天保年間（一八三〇～四四）には、煤掃は、奥方に年男《としおとこ》の男性家臣を入れて、短時間のうちに終える年中行事となっている。年の暮れに行う大掃除を男性家臣や出入りの職人らに割り振るだけでなく、表向を終日女性たちに開放し宴会場にするという、粋なはからいが実現したのは、政宗の豪放磊落《ごうほうらいらく》な個性に依るところが大きかったといえよう。

女中の殉死

政宗は、寛永十三年（一六三六）五月二十四日に病没した。その前日に遺した言葉のなかに、女中の処遇に関する指示があった。「奥の年よりしゅ（寄衆）」であった小川を召し呼んで告げたという話のなかに伝えられている。

それによれば、政宗は、自分の死後に「奥にてめしつかひ（召使い）たるものとも」を、「かみかた（上方）へも、くにもと（国元）へも、こゝもと（茲元）にても、よしみ（誼）しんるい（親類）のもとへ、いとま（暇）とらせて候てつか（遣）ハすへし。行くすゑなきものには、命つなきのふち（扶持）をもとらせ、よき様に」と述べていたとある。ただしこれは、二代忠宗の「心次第」であるとされた。実際に命じる立場は忠宗であるので、処遇を忠宗の判断に委ねたことになろう（『言行録』二六七頁、『伊達治家記録』巻之三九下、寛永十三年五月二十四日条）。

この遺言から、政宗に仕えていた女中には、上方、国元、そして江戸の生まれで、長く近侍した者がいたことがわかる。国元の仙台に親族がいるのは、家臣の家族である。江戸に親族がいるのは、江戸屋敷で採用した女中である。上方に親族がいるのは、政宗が京都に屋敷を与えられていた時期に採用した者たちだろう。政宗は、自身の没後に職を解かれることになる女中たちが、それぞれ家族や親類縁者の元に戻って養われるように指示し、ただし戻る家がない者がいることも推し測り、生涯扶持《ふち》を与えることで余生の安泰を図ろうとしたのである。身を寄せる親族がいない女中に対して、生涯扶持を施す考えを遺していたことは、政宗と人格的な繋がりを築いていた女中たちの存在を思わせる。

一方、政宗がこうした指示を遺していたのは、女中の殉死を未然に防ごうとしたものかもしれない〔松崎二〇〇四A〕。政宗の七男宗高《むねたか》がこれより一〇年前の寛永三年八月に二〇歳で死去していたが、その際に男性家臣九人のほかに、女中一人が自害していたからである。宗高に若年から付き従い、「おあちゃ」と呼ばれた五五歳の「御女房衆」であった。棺の到着を待たずに、家臣の制止を押し切って「自害」したことが報告されている（『伊達家文書之二』八七七・八七八・八八〇）。「おあちゃ」は、「御さしの女房衆」と「御膳番之女房衆」も「御供」を願い出ていたのを、この二人は自らさし止めるので、わが身については制止しないようにと訴えて、果てたという。伊達家で女中が殉死した例は、これよりほかに確認できない。男性家臣の殉死は、政宗と二代忠宗の死去に際して発生していたが、四代将軍徳川家綱《いえつな》のもとで殉死禁止令が出されたことにより、三代綱宗以降の殉死はなくなった。政宗の没後に女中の殉死が出なかったのは、遺言の指示に基づいて女中たち一人ひとりに解雇後の処遇が伝えられたことによるものと考えられる。

二代忠宗正妻振姫付の女中

政宗の嫡男忠宗は、元和三年（一六一七）に二代将軍徳川秀忠《ひでただ》の養女振姫（姫路藩池田輝政《てるまさ》娘）を正妻に迎えた。これにより、江戸城大奥から振姫とその付女中らが上屋敷に移り住んだ。寛永十三年（一六三六）の代替わりにより、振姫は愛姫に代わり奥方の主人となり、振姫付の女中を中心に奥方が運営されることとなった。

振姫付の女中組織を知る史料は見出せないが、振姫とほぼ同時期に二代将軍秀忠の養女として萩藩毛利秀就《もうりひでなり》に嫁いだみつ（龍昌院《りゆうしょういん》）の例が参考となろう。

みつは、徳川家康の次男結城秀康《ゆうきひでやす》の娘であったが、秀忠の養女となり、慶長十三年（一六〇八）七月に毛利家の上屋敷に入輿した。みつ付の女中は、上臈（一人）・局（一人）・介添《かいぞえ》（一人）・中臈頭（一人）・若女房（五人）・小姓（五人）・末（二人）・中居（二人）・半下（五人）がおり、末までの役職には、それぞれ部屋子《へやこ》（使用人）が二〜五人ずつ付属していた。このほか、ぢい・台所人（二人）・中間《ちゆうげん》・下男《げなん》を合わせて、従者は男女八八人にのぼる〔福田二〇二二〕。

上臈・局・介添の下に中臈頭以下、下級女中の半下まで、九つの職階を置く構成は、女中組織の基本が形作られている。当時の江戸城大奥女中の職制を反映するものとみてよいだろう。全体の構造と人数配置からすれば、みつの側廻りと御用を担う側向の筆頭は上臈であり、その下で介添・中臈頭が若女房と小姓を率いて側向の仕事を分担していたとみられる。また、役女の筆頭は局で、介添がこの補佐に就いていたとも考えられる。局と介添には後年の史料で、役女の標識である漢字二文字の名前がみえることから、このように推測しておきたい。

ともあれ、元和三年の段階で、伊達家の江戸屋敷の奥方には、将軍養女として入輿した振姫により、みつ付と同規模の女中の組織が置かれたことが想定される。

「奥方法度」の制定

振姫が外桜田の伊達家上屋敷に移り住んで七年後の寛永二十年（一六四三）五月十三日、奥方に大きな動きがあった。藩主忠宗からと考えられるが、広敷向《ひろしきむき》の筆頭である奥老《おくろう》（奥年寄）の国安日向光行《くにやすひゅうがみつゆき》に対して、その職務についての心得（「定」）が申し渡された（『伊達家文書之三』一二九五）。二条目に以前（「跡々」）よりの法度という文言があるので、ここにそれを取りまとめ、規則として整備されたことが知られる。奥老の役割とともに、奥老と局の関係、また局の役割に触れる条目が並んでいるので、全九ヵ条の中身を示そう。

①奥老の国安は、奥方の「局座敷」まで参上して、気遣いなく用事を済ませること。火

事やそのほか緊急の事態があれば、奥方のどこへでも行き、怪我がないように申し付けること。

②奥方に対して従来からある法度や、ほかに新規の法度を申し付ける際には、在勤の奉行（他藩の家老に相当）と相談し、局の了解も得て、油断なく仕置きすること（但書は略）。

③親類衆から使者が来た際は、国安が対面し、中へ入れる者は入れ、他の者は外で挨拶すること。

④荒尾内匠《あらおたくみ》（鳥取池田家家老・成利《なりとし》）・同志摩《しま》（同・嵩就《たかなり》）については、従来通しているところまで国安が同伴して行くこと。その他の衆が用事があって来た際には、吟味をしたうえで「客来之間」まで入れること。

⑤奥方へ呉服を届ける商人である那波屋九郎左衛門尉《なばやくろうざえもんのじょう》・佐藤れうせいの両人は、「客来之間」まで入れること。

⑥越前守（忠宗二男光宗《みつむね》）が召使う者は、奥方で召使う者共と同様に仕置きをすること。

⑦総じて奥方に関して国安自身で判断できないことがあれば、同僚の西山助右衛門尉《にしやますけえもんのじょう》と話し合い、さらに局にも尋ねたうえで上申すること。

⑧病気で出仕できないときは、局と相談し、代わりの者を申し付け用事を果たすこと。

⑨奥方に召使う者は誰によらず、火事などに際して命令に背いた者がいれば上申すること。

最後に、以上の法度のほか当面する事柄については、何事によらず気遣いなく申し付けるように、とある。

この規定によれば、奥老筆頭の国安は、日頃奥方の錠口内部に置かれた局の執務する座敷まで入ることができた。火事など緊急事態が発生した際には、さらにその奥部にも入り、怪我人が生じないように申し付ける役目がある。つまり奥方の管理に責任を負う立場として、女性の空間である錠口内部の最奥まで立ち入ることを許されたのである。国安以外の男性役人は、奥方への立ち入りを制限されていたことになろう。奥方に通す者の判断は基本的に国安に委ねられているが、鳥取池田家の家老二人と呉服商二人については、個別の対応を定めていることが注目される。鳥取池田家の家老がここに登場するのは、二代忠宗正妻振姫が池田家初代光仲《みつなか》の叔母であった関係によるものである。具体的に家老がこの時期、どのような用件で伊達家の奥方に出入りしていたのかは不明であるが、振姫は、二年後の正保二年（一六四五）に光仲が紀伊徳川家から茶々姫を正妻に迎える際に、待請《まちうけ》と呼ばれる婚儀の重要な役目を担うなど、光仲の血縁として親密な関係を結んでいる（谷口啓子氏のご教示による）。家老二人は光仲と振姫の連絡役として奥方への出入を許され、対面場所は振姫から指示されていたとみられる。呉服商の二人が奥方の客間まで出入りを許されたのは、商売上必要とされたからである。

一方、奥方の運営はこの当時、局の権限が大きいことも知られる。今後追加で出すことになる法度は、奉行と相談したうえで局に了解を得ることを手続きとされており（②）、奥老同士で判断できない問題は局に相談すること（⑦）、奥老が病気で出仕できない場合も局に相談することなど（⑧）、局の立場は奥方の運営に関わる点において、奥老と並ぶ権限を与えられている。藩政前期の奥方の管理運営の特徴をここにみることができる。

広敷向の男性役人に向けて出される「奥方法度」は、江戸城大奥では元和四年（一六一八）正月を初発に、幕末まで九度の改定を重ねていたが、享保六年（一七二一）に法文が固定化をみたという〔福田二〇二二〕。伊達家で初発の時期は確認できないが、寛永二十年に整備がなされ、以後も出入りする人物を吟味するなど、必要な改定を繰り返しながら、法文を固定化する時期があったと推察される。

三代綱宗側室初子付の女中

二代忠宗没後の万治元年（一六五八）九月、六男の綱宗が一九歳で三代を襲封した。だが二年後の万治三年七月、綱宗は幕府から不行跡により逼塞を命じられ、二歳の嫡男亀千代（四代綱村）とその生母三澤初子《みさわはつこ》を上屋敷に残して、品川屋敷に隠棲した。

綱宗の側妻三澤初子は、二代忠宗の正妻振姫付の女中の筆頭であった紀伊の姪である。振姫の「侍女」を務めた後に、綱宗の側廻りに仕えて綱村を産み、後に村和《むらより》・宗贇《むねよし》の二人をもうけた。綱宗が正妻を置かなかったことにより、初子は伊達家で事実上、正妻の扱いを受けており、綱村の生母の立場により「御袋様《おふくろさま》」の敬称でも呼ばれている。

万治二年二月に振姫が亡くなると、振姫付の女中の大半は江戸城に引き上げたとみられる。これによって奥方には、亀千代（綱村）が四代当主となる翌万治三年七月まで、三代綱宗と側妻初子に仕える女中、および綱村の養育に携わる女中の組織が置かれていた。初子は延宝四年（一六七六）、綱村の婚礼に備えて奥方で新居の建設が開始された際、綱宗が住む品川屋敷に移っており〔下重二〇一〇〕、付女中とともにこの時期まで上屋敷にいたことになる。

さて、初子付の女中の組織が知られる。綱村は延宝五年四月六日に幕府老中で小田原藩主稲葉正則《いなばまさのり》の娘仙姫と婚礼を挙げた。その儀礼の模様を記録した「御婚礼之儀式餽送《きそう》定覚書」（『伊達治家記録七』）のなかに、仙姫（「御新造」と表記）から初子付女中（「御袋様女中」と表記）へ送られた進物の記載がある。表2は、ここに記された女中の職名と人数を示したものである。役職は、大上臈から中居まで、一四の階梯が置かれている。人数は、中老までは役職ごとに記され、若キ衆以下はまとめて四二人とあるので、合計で五九人である。これに付属した部屋子を合わせると、総人数は八〇人を超えていただろう。二代忠宗の正妻振姫が入輿した当時を想定した職制と比べて、役職が五つ増加しており、系列ごとに仕事の分掌が進んだ様相が知られる。側系列は大上臈を筆頭に、介副・小上臈・中老・若キ衆・小姓で担い、役女系列は局を筆頭に、年寄と年寄並で担われたとみられる。下女系列は物師《ものし》・茶之間・半女・スへ・中居で分業されている。初子が事実上、正妻の立場にあったことは、この充実した職制によって明瞭である。

　何より注目されるのは、役女系列で局の下に年寄が三人、その下に年寄並が四人いることである。つまり役女として新たに老女の役職が設置されており、これを補佐する役目として年寄並が置かれている。年寄並のうち一人は、中老を差配する中老頭とされている。側系列では、若キ衆が新設である。物師は衣服の裁縫に従事する役職で、後に呉服之間の名称に変わる。

表2　3代綱宗側妻三澤初子付女中（延宝5年）

<table>
<tr><th>職　名</th><th>人数</th></tr>
<tr><td>大上臈</td><td>1人</td></tr>
<tr><td>介　副</td><td>1人</td></tr>
<tr><td>局</td><td>1人</td></tr>
<tr><td>年　寄</td><td>3人</td></tr>
<tr><td>小上臈</td><td>1人</td></tr>
<tr><td>年寄並</td><td>4人</td></tr>
<tr><td>(中老頭)</td><td>(1人)</td></tr>
<tr><td>中　老</td><td>6人</td></tr>
<tr><td>若キ衆</td><td rowspan="7">42人</td></tr>
<tr><td>小　姓</td></tr>
<tr><td>物　師</td></tr>
<tr><td>茶之間</td></tr>
<tr><td>半　女</td></tr>
<tr><td>ス　へ</td></tr>
<tr><td>中　居</td></tr>
<tr><td>合　計</td><td>59人</td></tr>
</table>

出典：「御婚礼之儀式餽送定覚書」(『伊達治家記録七』347頁).

延宝五年（一六七七）の初子付の女中に役女の年寄、すなわち老女がいることを確認したが、これは初子付で創設されたというよりは、万治二年（一六五九）に死去した二代忠宗の正妻振姫の生前に設置され、それが初子付に受け継がれたと考えられる。

老女の登場

老女が置かれた時期とその経緯をさらに推測してみたい。既述のように、木村宇右衛門が書き残した『言行録』には、寛永十三年（一六三六）に初代政宗が遺言を告げたという女中を「奥の年寄衆」の小川と記している。「年寄衆」の役名自体の成立は、『言行録』が成立したとされる慶安五年（一六五二）までの期間で考えるのが妥当であろう。ともあれ、寛永十三年段階で年寄衆の役柄に比定される存在がいたことは確かであろう。年寄衆の設置・導入は江戸城大奥との関係をみておきたい。福田千鶴氏によれば、幕府史料で年寄の明確な名称の登場は一七世紀末頃であるという。だが実態としては、一七世紀前期の段階で、乳母から昇進した筆頭年寄としての局とは別に、職としての年寄（老女）が必要とされ、筆頭年寄を補助する存在として年寄的役割を分掌していた女中たちがいたという。寛永二十年（一六四三）に「春日《かすが》の局《つぼね》（春日局）」が没して表の局が消滅したことを契機に、年寄としての役職化が進むと考えられているようである〔福田二〇二二〕。

将軍養女である振姫は、元和三年（一六一七）の入輿以来、江戸城大奥の式日にはたびたび御城使《おしろづかい》（江戸城大奥への使者）を伴い登城して、将軍と家族に挨拶と献物を行っていた。この大奥勤めと御城使の詳細は本書の後半でとりあげるが、伊達家にはこうして、江戸城大奥の職制がいち早く取り入れられたと考えられる。

なお、大名家で老女が置かれた早い例として、萩藩毛利家に明暦四年（一六五八）、二代綱広《つなひろ》の正妻として福井藩松平忠昌《ただまさ》娘（高寿院《こうじゆいん》）が入輿した際の女中の職制に、上臈・局に続いて「年寄」津山の名前がある〔石田二〇二一B〕。ここから、福井藩松平家には、これより以前に老女が置かれていたことがわかる。初代将軍徳川家康の次男結城秀康に始まる由緒から、福井松平家と大奥との関係は深く、大奥の職制の影響がいち早く及んだことは確かだろう。

一方、幼少で家督となった四代綱村に仕える女中については、授乳と保育を行うための職制を成長に応じて改める経過があったとみられる。綱村は一六歳となる延宝二年（一六七四）九月六日、元服の儀式である袖留《そでどめ》（童子の衣装である振袖を普通の袖丈に縮める儀礼）を執り行っている。これを機に、夜伽《よとぎ》の役割を担う女中を置くなど、成人当主に付ける職制が整備されたことだろう。

綱村と稲葉家仙姫の縁組

延宝五年（一六七七）四月、綱村は小田原藩主稲葉正則の次女仙姫（当初は千）を正妻に迎えた。これによって、上屋敷の奥方は仙姫の住まいとなり、稲葉家から仙姫付の女中が移り住んだ。それだけでなく、奥方の広敷向には稲葉家から、仙姫付の男性家臣が多数、送り込まれた。稲葉家との縁組は、将軍による大名間の婚姻の許可にとどまらない、特異な意味をもって定められたからである。下重清氏により、稲葉家側に視点を置いた詳細な検証がなされているので、その成果によりながら、まずは婚礼に至る経緯をみておこう〔下重二〇一〇〕。

伊達家と稲葉家の縁組は、伊達家の御家騒動（寛文《かんぶん》事件）を背景に、延宝元年十二月、四代将軍家綱の上意として伝えられた。幕府として幼君を擁する仙台藩政の監視を継続する必要があり、伊達家の奉行らの要望もあり、適齢の娘がいた老中の稲葉正則に対して、藩政の監督・指導が一任されたのである。実際に稲葉正則は、同年十二月二十九日に納采《のうさい》の儀礼（結納）を終えると、ただちに綱村に対して、義父として親交を深めるだけではない、数々の意見を加え藩政の指導を開始する。

納采の儀礼を記した「稲葉日記」当日条には、稲葉家の奥女中の組織が知られる情報がある。稲葉家の上屋敷表向の大書院には、伊達家の使者が届けた小袖《こそで》（五重）・帯（二筋）・白銀（一〇〇枚）・御肴（雁《がん》一〇・鯉二〇・雉《きじ》二〇・昆布・鰑《するめ》）・樽（五荷）など、結納の品々が並べられ、父正則とともに仙姫も、奥向から表向に出てこの場に臨み、伊達家の使者の口上を請けた。綱村から稲葉家への結納品は、仙姫と父正則、兄弟など、血縁の家族とその配偶者に贈られただけでなく、奥方の女中衆へも進上されたが、その職名に大上臈・小上臈・介添・局・年寄・総女中の名称がある。

延宝四年四月には仙姫を迎えるために奥方の改修工事が着手され、十一月に竣工した。

仙姫付に置かれた老女と表使

納采から四年後の延宝五年（一六七七）四月六日、新造された伊達家上屋敷の奥方で、婚礼の儀式が執り行われた。この日稲葉家から「御姫様付」として伊達家に随従した奥女中の職制は、表3に示した通りである。役職の最上位に大上臈一人がおり、その下に介副・局・小上臈が一人ずつ、次いで年寄二人、中老頭二人、表使二人がいる。このほか下級女中をまとめて「女中」と「召使」と記し、総勢六二人の女中が揃えられている。

注目されるのは、新たに表使の役職がみえることである。福田千鶴氏によれば、江戸城大奥で表使は、慶安三年（一六五〇）に出された「御内証方御条目」に職名が明確に現れるという〔福田二〇一二〕。老女の命令を受けて外部との交渉を担当する表使の権限は大きいとし、この当時、老女の役職が分化して生まれていたことが想定されている。伊達家には延宝五年、仙姫付の女中として初めて表使が置かれたのであるが、これは稲葉正則が仙

表3　4代綱村正妻仙姫付女中と男方（延宝5年）

女　中

職　名	人数（女中名）
大上臈	1人（つう）
介　副	1人（広田）
局	1人
小上臈	1人（よう）
年　寄	2人（奥田・津田）
中老頭	2人（岩野・野村）
表　使	2人（たつ・とよ）
女中・召使	52人
合　計	62人

男　方

身　分	職　名	人数
家　中	年　寄	4人
（徒格）	広間取次	2人
	広間並番	4人
	広間番	4人
	目　付	1人
	金払役	2人
	勘定役	2人
	物書役	1人
	帳付役	2人
小役人	料理人	4人
	錠口番	4人
	火の番	4人
	台所方	14人
足　軽	御輿添士	10人
	足軽小頭	1人
	足　軽	15人
中　間	掃除坊主	3人
	中　間	50人
	長刀持	2人
	六　尺	8人
	挟箱持	4人
	合　計	141人

出典：下重2010表6を一部改変.

姫の役割を見越して女中組織に加えたものと考えられる。仙姫は、正妻不在の三代綱宗期を挟んで途絶えていた将軍家への大奥勤めを再開することで、寛文事件（伊達騒動）で揺らいだ伊達家と将軍家との信頼関係の回復に努めた〔松崎二〇〇四B〕。渉外を担当する役目である表使は、大奥女中との連絡や献物の準備を担い、大上臈・局・年寄とともに仙姫が行う伊達家の大奥勤めを支えたのである。よってその役割は重要であった。

仙姫付女中の出自

仙姫付の六二人の女中の大半は、稲葉家の家臣の娘であったという。ただし大上臈一人と女中六人、召使下女八人は、京都でスカウトして揃えられていた。稲葉家は京都に上方御用の家臣を常駐させており、かれらの手引きで人材が集められ、上京した家臣らが同伴して下向させていたのである〔下重二〇一〇〕。

上臈は前述したように、江戸時代の初頭から、将軍家をはじめ格式の高い大名家で、公家の女性を迎えて職制の最上位に置いていた。儀式典礼に関する深い知識を持ち、正妻に芸能の才能を授ける教育役割が必要とされ、禁裏・院御所に勤めて実務経験のある公家の女性が選ばれたと考えられている〔石田二〇一二A〕。下重氏によれば、稲葉家では仙姫付の女中に対して、婚礼前に東儀阿波守《とうぎあわのかみ》による舞楽の稽古もつけていたという。正妻に仕える女中の素養として、宮廷文化の理解と実演の技能も重視されていたのである。

「奥方」に置かれた稲葉家家臣

仙姫の入輿は、稲葉家から男性家臣が多数送り込まれたことも重要な意味があった。「男方《おとこかた》」と呼ばれ、「年寄」（奥老）四人を筆頭に、侍《さむらい》分《ぶん》（徒格《かちかく》）一八人、台所方小役人二六人、輿添《こしぞえ》・足軽二六人、中間・六尺《りくしゃく》・挟箱持《はさみばこもち》などで六七人おり、女中の二倍を超える一四一人を数える。侍分とされた一八人は、広間取次《ひろまとりつぎ》・広間並番《なみばん》・広間番・目付《めつけ》・金払《かねはらい》役・勘定《かんじょう》役・物書《ものかき》役・帳付《ちょうづけ》役の役職で構成されている。四人の奥老とともに、これらの役職が広敷向で奥方を運営する職制として整えられたのである。「男方」については、欠員が生じた場合は稲葉家が後任を補塡するが、かれらの知行・切米《きりまい》・扶持方は伊達家で賄うものとされた。伊達家はこうして、広敷向での財政負担を強いられることにもなった。

広敷向で奥方の運営に携わる「男方」の人数の多さは、将軍養女付の幕府役人の人数と比べても異様である。後述するように、将軍養女として六代宗村に嫁いだ温子の「付人《つきびと》」は四九人である。この三倍もの人数が稲葉家から伊達家の奥方に送り込まれ、伊達家側の役人を排除して稲葉家の権力を出現させ、監視を巡らしたのである。

下重氏は、稲葉家側が伊達家の人員を極力排除して、上屋敷の奥方を稲葉家で運営しようとし、また奥方で綱村と正妻仙姫、および将来誕生するであろう子どもたちに伊達家の人々を自由に近づけなくする意図があったと指摘する。稲葉家より送り込まれた広間番や広間取次は、「仙台御前様《おまえさま》御広間帳」の写しを毎日、稲葉正則のもとに届けており、それは天和二年（一六八二）正月に正則娘婿の堀田正俊《ほったまさとし》が大老となるまで続けられた。広敷向を介した監視の実態であった。

奥方の規則強化

四代綱村の治世には、女中の屋敷門の出入りや、男女の接触に関しても規制が加えられた。寛文十年（一六七〇）に奉行の古内《ふるうち》志摩《しま》義如《よしゆき》・原田《はらだ》甲斐《かい》宗輔《むねすけ》・柴田《しばた》外記《げき》朝意《とももと》の連署で、「足軽奉行衆」に対して出された条目のなかに、「女御門出入之事、奥方之女房衆幷下女等迄、牧野《まきの》権兵衛《ごんべえ》以手判可相通之、其外之女者、御上屋敷浜御屋敷共に、如前々、御物頭衆以手判可相通之事」という一条がある（『伊達家文書之四』一八五四）。上屋敷・浜屋敷ともに、女性は物頭衆の手判で屋敷門を通行させていた従来のシステムが、奥方の「女房衆」と「下女」については、牧野権兵衛が発行する手判で通過させることに変更されたのである。牧野権兵衛は当時、奥小姓であった。よって屋敷に出入りする女中の管理を奥向表方の役人の専管としたとみることができる。

仙姫が輿入れした延宝五年（一六七七）四月六日には、広敷向の小納戸《こなんど》役と錠口番から連署《れんしょ》起《き》請文《しょうもん》が取られている（『伊達家文書之五』一九〇三）。君命に背かないことを誓う一条に加えて、女中に対して戯言を吐かないことを誓約する一条がある。横田《よこた》万作《まんさく》・玉虫《たまむし》七《しち》左衛門《ざえもん》ら一三名がこれに連署し、翌年三月二十七日に白石《しろいし》伊織《いおり》ほか一〇名が加えられ、さらに後日の日付で書き継がれている。前述した通り、仙姫の住居となった奥方で、広敷向は稲葉家から入った奥老・広敷番・錠口番などで固められ、伊達家の家臣が入る余地はなかった。だが、稲葉家から入った女中と伊達家の家臣との万が一のトラブルを回避するために誓詞を書かせたものだろう。

一方、女中と宗教者との関係にも規制が加えられた。元禄七年（一六九四）五月二十八日の規則では、奥方に祈禱や呪いを行う者が出入りして、女中のなかにも世間と同様に「邪法」を信仰する者が多いことを問題視し、以後は「出家衆《しゆっけしゆう》、神職《しんしょく》、山伏歴々衆《やまぶしれきれきしゆう》」であっても、上への伺いなく奥方に出入りさせないよう、奥方へ通す際の手続きを定めている（『伊達治家記録』一七）。仙姫付の女中たちに宗教者と懇意になる者がいたことを示しているが、具体的な状況は知られない。だが、宗教者との関係は伊達家の奥方だけにみられたことではなかった。江戸城大奥では、元和九年（一六二三）に出された「奥方法度」の第四条で、宗教者の出入りを規定している。この背景には、大奥で催される年中行事に際して祈禱は付き物となり、病気平癒や地鎮など臨時の祈禱が多くなったことに加えて、特定の寺院や僧侶に帰依する女中も少なからずいたことが考えられている〔福田二〇二一〕。

五代吉村から七代重村まで

「江戸上屋敷絵図」に描かれた奥方

四代綱村は元禄十六年（一七〇三）八月に隠居し、世子とされていた吉村が五代を襲封した。吉村の正妻貞子（冬姫）は、内大臣久我《くが》通誠《みちとも》の養女である。前年の元禄十五年四月に入輿し、中屋敷の奥方を住まいとしていたが、吉村とともに上屋敷に移徙《わたまし》し、先代の正妻仙姫に代わり奥方の新たな主人となった。仙姫は三年後の宝永三年（一七〇六）七月に死去する。仙姫付の女中の大半は、この時点で稲葉家に戻ったとみられる。

吉村・貞子夫妻のもとで、奥方のシステムが刷新された。女中の配属を当主付と正妻付に分けずに、双方に仕えるように改められたのである。ただし同時代でこれを確認する史料は見出せない。後述するように、七代重村の時代に女中の勤務規則を定めた「御奥方格

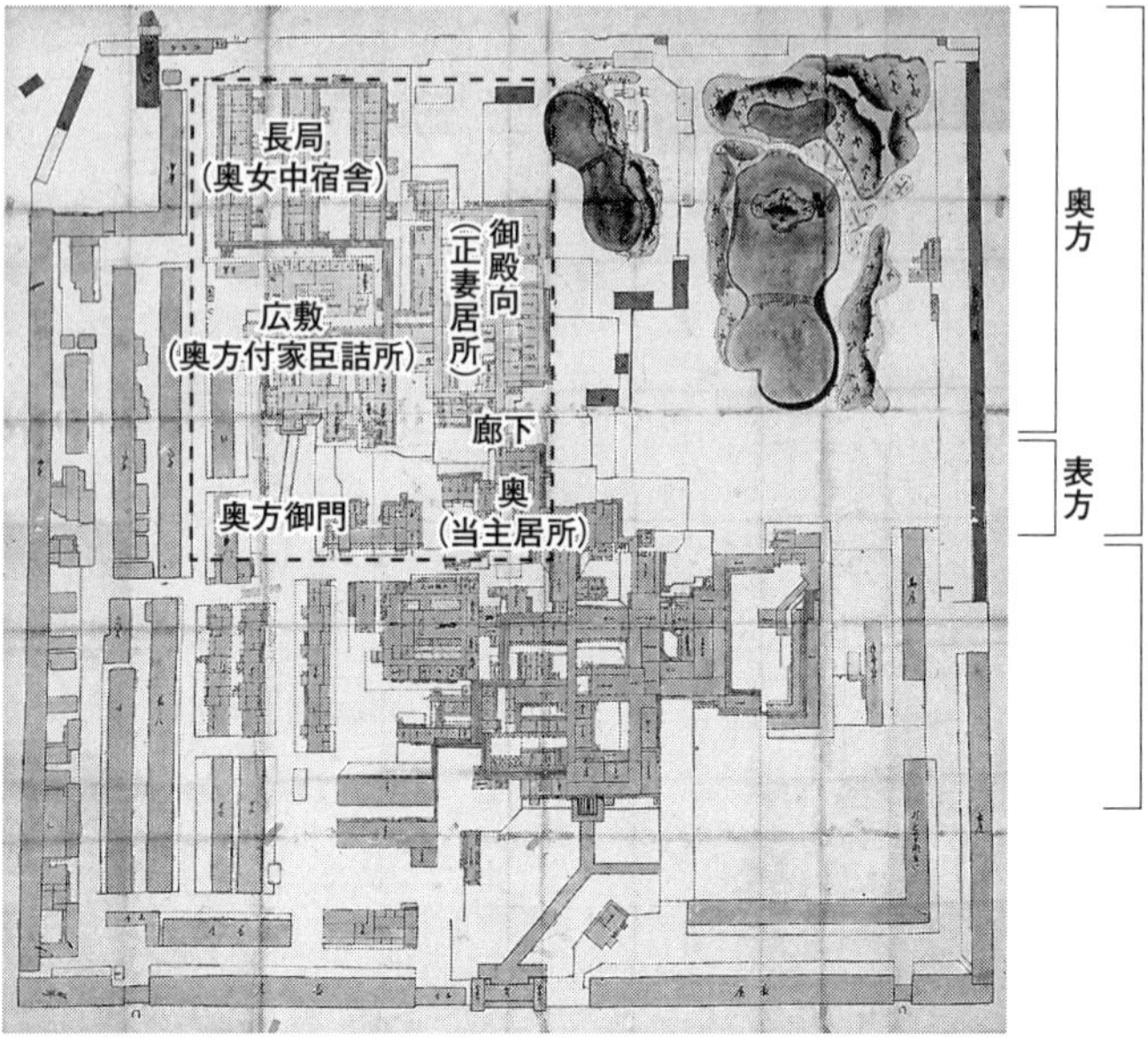

絵図全体（方位は左が北）

式」のなかで、他家にはない伊達家独自の「伝統」が築かれた時代であると位置付けられている。

「江戸上屋敷絵図」（図2）によって、吉村の時代の「奥方」の内部をみてみよう。この絵図は高橋あけみ氏により、敷地の形状が検討され、吉村の代の屋敷を描いた可能性が高いことが指摘されている（高橋二〇一五）。吉村夫妻は享保十九年（一七三四）六月まで、上屋敷で火災が相次いで発生したため、いっとき愛宕下の中屋敷に避難していたが、翌二十年十一月に嫡子の宗村と将軍吉《よし》宗《むね》養女温子（利根姫）の縁組が公表されると、上屋敷に戻った。よって

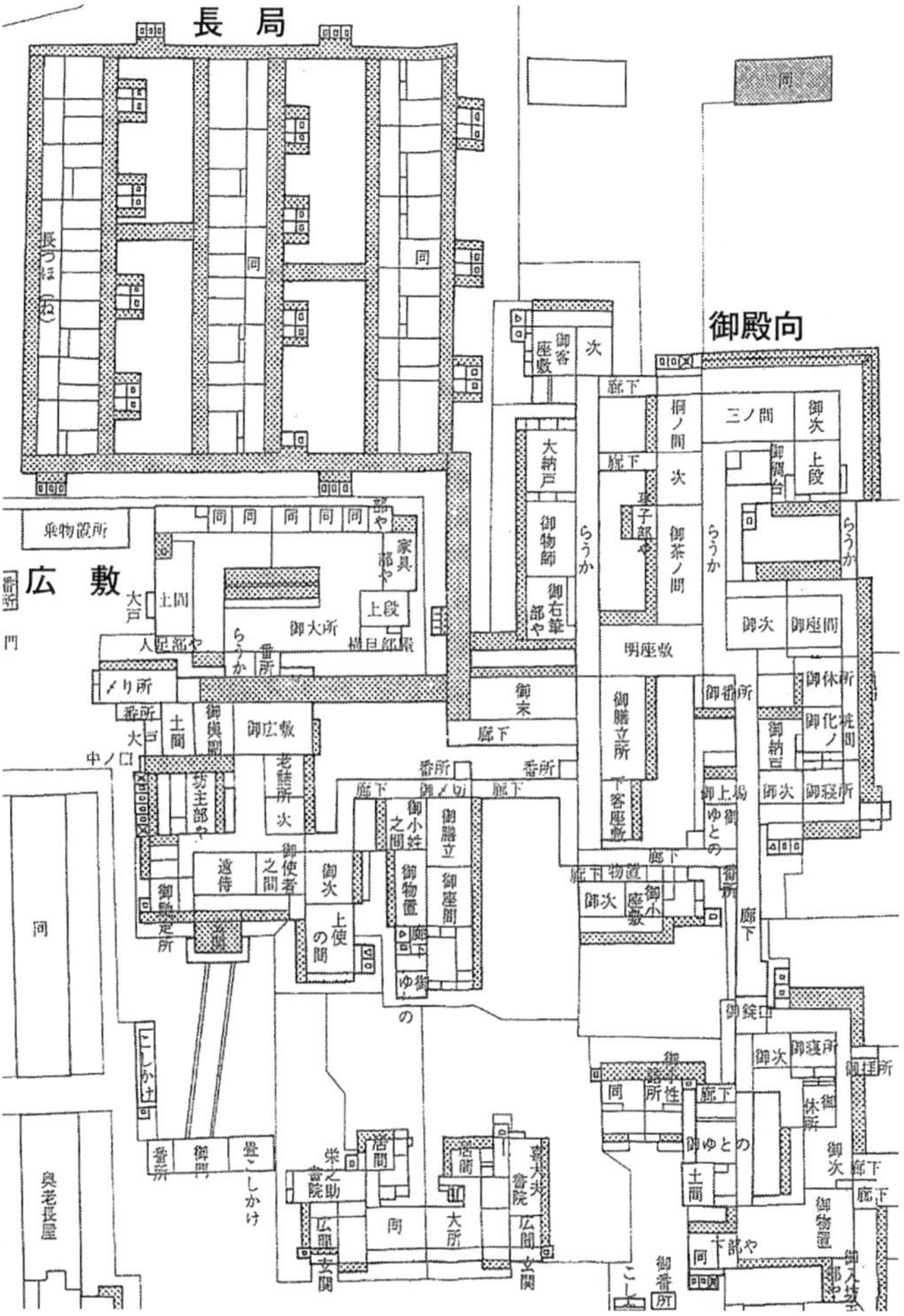

奥向解読図（右図の囲み部分）

図２　「江戸芝口上屋敷絵図」（仙台市博物館所蔵，解読図は『東京都埋蔵文化センター調査報告37 汐留遺跡Ⅰ』1997年）

「江戸上屋敷絵図」は再建後の上屋敷の姿が描かれたものとみられる。

「奥方」は、表殿舎とほぼ同規模で、その東側に造営されている。内部は大きく三つの区画に分かれており、これは江戸城大奥でいう御殿向《ごてんむき》・長局向《ながつぼねむき》・広敷向に相当する。御殿向は正妻の住居である。当主の奥である表殿舎の奥向表方の区域と、廊下で繋げられている。御殿向の北東部に女中の宿舎である長局向（「長つぼね」と表記）があり、御殿向と廊下で繋げられている。男性役人が詰める広敷向は、御殿向から番所《ばんしょ》を隔てて北側にあり、「奥方」の玄関に通じる。

ちなみに表の殿舎は、屋敷の正門の正面に位置し、玄関を上がると、藩主が家臣を引見する座敷や、来客・使者に対面する座敷、表向の役人部屋、能舞台などがあり、その奥部に藩主の日常の居所である奥向表方の区域がある。

「奥方」の部屋の配置

正妻の住居である御殿向は、奥女中の勤務空間でもある。そうした観点から、御殿向に設けられた部屋の名称と配置を見渡してみよう。

正妻が日常で使用する部屋は、「御化粧ノ間」「御休所《ごきゅうしょ》」「御寝所《ごしんじょ》」である。当主の奥方での寝所には「御小座敷《おこざしき》」が使われる。「御寝所」の向かい側には「御ゆとの」と「御上場《おあがりば》」がある。

「御座間」は、式日に当主と正妻が出座して女中や家臣を引見する儀式空間である。「御寝所」「御化粧ノ間」「御座間」「御小座敷」に隣接して置かれた「御次《おつぎ》」は、側向を担当する女中たちが常時控える部屋である。正妻の居住空間であるこれらの一画は、表殿舎の奥向表方の区域から廊下で繋がれた御殿向の入口に近い区域にある。

対客の部屋として「御客座敷」と「下客座敷」があるが、正妻が親類など来客と会うために使われたのは「御客座敷」であろう。

つぎに、女中の勤務部屋は、御殿向の東端に「三ノ間」があり、これに続いて「桐ノ間」「次」「御茶ノ間」「御右筆部や」「御物師」「御末」がある。これらは当代の職制に次・右筆・物師・三之間・茶之間・末などの役職があったことを示唆する。前代の職制と比べると、役女系列として老女の仕事が分化し、新たに右筆が置かれたことが重要である。下女系列では次・三之間が創設されたことがわかる。

上級の女中として当代は上臈・介添・局・老女がいたはずであり、その詰所は「桐ノ間」であろう。ちなみに江戸城で老女の詰所は「千鳥之間」である。

このほか御殿向には、「御納戸」「物置」「大納戸」「菓子部や」などの収納部屋や、配膳に使用する「御膳立所《おぜんだてしょ》」がある。「明座敷」とあるのは未使用の部屋であったのだろう。

御殿向への出入りを女中側が管理する「番所」は、表殿舎の奥向表方との間に一ヵ所、広敷向との境に一ヵ所あり、「御休所」の向かいは「御番所」と呼ばれている。これらすべてが女中たちの仕事場であった。

女中たちの住居である長局（「長つほ」と表記）は、御殿向から長い廊下を挟んで北東部に三列で建てられ、各列に部屋が並ぶ構造となっている。長局は御殿向とほぼ等しい規模で建造されていたとわかる。上級女中は部屋付の使用人を雇い、暮らしを共にしていた。

広敷向の部屋　一方、男性役人が勤務する広敷向は、「奥方」の門を入り、玄関を上がった先にある。正面に「奥方」の警備を担当する「遠侍《とおざむらい》」があり、隣接して他家の家臣を迎える「御使者之間」が設けられている。この後方に、「奥方」を統括する奥老が詰める「老詰所」があり、その奥に配下の広敷役人たちが勤務する「御広敷」があった。また手前に「坊主部や」がみえる。

「御使者之間」の隣りには従者が控える「御次」があり、その奥に「上使の間《じょうしのま》」が設けられている。「上使の間」は、江戸城から使者を迎える際に使用する儀式空間である。

廊下添いに御殿向との間に、「御座間」「御膳立」「御小姓之間」「御物置」「御ゆとの」からなる一角があり、吉村の男子の一人の住居とみられるが、人物は特定できない。

六代宗村正妻温子付の職制　五代吉村は寛保三年（一七四三）七月に隠居して袖ケ崎に移り、江戸上屋敷は吉村嫡男の六代宗村と、その正妻温子（利根姫）の住まいとして整えられた。温子は紀伊徳川宗直《むねなお》の次女であったが、八代将軍徳川吉宗の養女となり、享保二十年（一七三五）十一月二十八日に宗村に嫁いでいた。愛宕下の中屋敷には将軍養女の住居の格式として、御守殿《ごしゅでん》と呼ばれる新居が造営され、温子は江戸城大奥から付女中と「付人」と呼ばれる男性役人を従えて、御守殿に入っていた。代替わりによる上屋敷への移徙に伴い、御守殿は上屋敷に再築されたが、完成までに時間を要したので、温子が上屋敷の御守殿に移ったのは、二年後の延享二年（一七四五）二月であった。

温子付の女中と男性役人の入輿当初の記録が残されている（表4）。この規模のまま上屋敷の御守殿に移ったものと考えられる。職制の特徴をみておこう。女中の役職は大上臈から御半下まで、二〇もの階梯に分かれており、人数は合わせて六七人である。それぞれの使用人である「付女中」一六七人を合わせると、女中の惣人数は二三四人に上る。

二〇もの職階のなかで注目される第一の点は、「大年寄」を上位に位置付けた序列である。御年寄すなわち老女の一人が大年寄に任じられたものとみられるが、ここで初めて、老女が御局の上に置かれたのである。俸禄は御介添・大年寄・御局が八〇石七人扶持の同額であるが、職位として老女が御局の上とされたことの意義は大きい。長らく役女の筆頭とされてきた御局はこの時期から、武家独自の役職である老女に包摂されていく。第二に、老女の役職の分化が進んでいる。前代までに設置されていた表使・御右筆に加えて、若年寄が初めて登場している。第三に、下女系列の役職も増加した。ともに三人ずつ置かれた

表4　6代宗村正妻温子付女中と付人

女　中

職　名	人数	付女中人数	俸　禄
大上臈	1人	8人	90石8人扶持
小上臈	1人	8人	60石8人扶持
御介添	1人	8人	80石7人扶持
大年寄	1人	8人	80石7人扶持
御　局	1人	8人	80石7人扶持
御年寄格	2人	各8人	各60石7人扶持
若年寄	4人	各5人	各45石4人扶持
御中臈	8人	各3人	各35石4人扶持
御小性	2人	各3人	各30石4人扶持
表　使	3人	各4人	各30石4人扶持
御右筆	3人	各2人	各25石4人扶持
御　次	5人	各2人	各22石4人扶持
呉服之間	6人	各2人	各22石3人扶持
盲　女	1人	2人	22石4人扶持
御三之間	5人	各2人	各19石3人扶持
御末頭	2人	各1人	各10石2人扶持
御中居	3人	2人	各7石1人扶持
御使番	3人	2人	各6石1人扶持
御右筆間小遣	3人	1人	各5石1人扶持
御半下	12人	2人	各5石1人扶持
小　計	67人	167人	1688石213人扶持
合　計	234人		

付　人

職　名	人数
用　人	2人
御用達	1人
医　師	1人
台所頭	1人
小　計	5人
同　朋	1人
侍	5人
台所組頭	2人
大所人	4人
小間遣頭	1人
小　人	4人
輿　舁	20人
小間遣	7人
小　計	44人
合　計	49人

出典：『大日本古文書　家わけ第三　伊達家文書之六』2371号「雲松院（宗村夫人徳川氏）御守殿長局置道具目録」,「獅山公治家記録巻之129中之上」享保20年11月13日条,「獅山公治家記録巻之129中之下」享保20年11月26日条.

御使番と御右筆間小遣は、役女系列の下役である。将軍養女である温子は、江戸城大奥と前代以上に活発な交流があり、挨拶や献物の実務を担う役女が増設されたとみることができる。

一方、男性の付人である用人から小間遣までの人数は四九人である。御守殿を実質的に運営・管理するスタッフとしては不足していたが、伊達家の側で用人三人、添御用達二人、目付四人、錠口添番一二人、大番頭三二人、小役人等二六人、料理人頭二人、料理人四人、料理役一〇人のほか、坊主・足軽などを合わせて一六〇人を超える人員を配置していた。幕府から出向した女中と役人らを合わせて、実に四五〇人余もの人員が御守殿の運営を支えていたのである〔齋藤一九九五〕。

ちなみに、温子付の女中と男性役人の規模は、同じく八代将軍吉宗の養女として享保十四年に薩摩藩島津継豊《つぐとよ》のもとに入輿した竹姫《たけひめ》とほぼ等しいことがわかる〔氷室二〇〇七〕。当主の宗村に対しては、必要な役職が小規模で置かれたことが伝えられている。

七代重村夫妻の女中職制

延享二年（一七四五）閏十二月十六日、温子は第二子を出産後の体調が回復しないまま、二九歳で死去した。これにより、将軍家から出向していた温子付の女中と付人の大半は、江戸城へ戻った。宗村は宝暦六年（一七五六）に病没し、嫡子の重村が七代を襲封する。宝暦十年に重村が正妻を迎えるまで、上屋敷奥方の職制は一五年間、当主付のみの組織となった。

重村は宝暦十年に関白近衛《このえ》内前《うちさき》養女年子《のぶこ》（惇姫《あつひめ》・観心院《かんしんいん》）を正妻に迎えた。

奥方の職制はこの時代、五代吉村夫妻の制度に倣い、当主付と正妻付を統合して女中が両者に仕えるシステムが整えられた。職務の詳細については次章で取り上げるが、職階の全体は、「大上臈・小上臈・御介添・御局・御老女中・若年寄・御中臈・若キ衆・御小姓・表使・御錠口番・御右筆・御次・呉服之間・御三之間・御末頭・御中居・御使番・御茶之間」で一九もの階梯がある。下級の女中については史料により名称や順序が異なる。

この職制は、年子の入輿に際して近衛家で整えられた組織に重村付のスタッフを加えて、整備されたものだろう。最上位に大上臈と、その見習いである小上臈を置き、その下に介添と局を置いていたが、天明七年（一七八七）当時は介添は不在となり、その仕事は大上臈・小上臈に割り付けられていた。また局と老女の勤め方は同様とあり、局はこの時期不在である。つまり年子の入輿当初は存在した介添と局は、辞職後に補充されず、老女が女中組織の総取締となるかたちに整備されていったのである。新たな役職として、役女系列の最下位に御錠口番が設置された。これは表使から分化したものとみられる。

寛政二年（一七九〇）五月末、暑気払として漢方薬が配布された際の記録に「御奥方御老女始総女中、奥方役々・凡下御扶持人迄、都合百八十四人」とある（「伊達家譜抜粋」）。

女中と広敷向に勤める男性役人を含めて、奥方の総人数はこの年、一八四人であったとわかる。

「御奥方格式」の制定

七代重村夫妻のもとで天明七年（一七八七）春に、「御奥方格式《おんおくかたかくしき》」と呼ばれる女中の勤務に関する規則が制定された。前年に同様の勤務規則を示していたが、改善の様子がみられず、上への伺いがないことも憂慮され、改めて詳細に規則を定めて周知徹底がめざされたのである。それでは当時、奥女中の勤務実態の何が問題となっていたのだろうか。「御奥方格式」の前書きに記された「惣仰渡書」には、奥方の改革を急務とする事情と方策が以下のように述べられている（高橋二〇一三）。

第一に、奥女中が担当する職務を熟知していないことである。そこで改善策として、役職ごとに伺いを立てる上申ルートが示された。老女や若年寄など上位の役職は、すべて当主に直接伺いを立てること、御中臈・若キ衆・御小姓は、側廻りのことは直接当主に伺いを立て、役務めに関することは若キ衆・御小姓は若年寄・御中臈へ確認し、表使は老女・若年寄に確認することを定めている。

第二に、奥女中が諸稽古に励む様子がみられないことである。学問や風雅（和歌・物語・琴など）の道の習得は主人の相手を務め、御用に立つための必須の教養であり、努力すべき事柄であるとする。だが、当時は流行りの歌や、三味線ばかりに夢中になる姿が目立っていた。これでは、学問や風雅の道を好む伊達家の当主をはじめ家族に対して、世間から異なる評判も立つとして、外聞の悪さが危惧され、修練と精進を求めている。

第三に、側向の女中の問題点として、主人に対する言葉遣いや、髪結いなどの風俗、給仕の仕方をはじめとして、身につけておくべき作法や格式が習得されていないことである。以前は勤務経験の長い老女により指導が行き届いていたが、古参の老女が減り、とくに江戸屋敷の奥方では心得るものがおらず、不徹底となった。そこで、五代吉村の代から数十年勤務している野崎・田中の二人の老女に対して、江戸・仙台ともに諸格式や言葉遣いなど、万事にわたって「御家風」が立つように伝授するように申し渡された。これを音羽《おとわ》・清見・綾瀬などがしっかり受け継ぐようにと命じている。

こうして「御奥方格式」は、女中たちにそれぞれ関係する箇所を写し取り、常時携帯して確認することが求められた〔柳谷二〇〇七〕。

当主付と正妻付の統合

「御奥方格式」は伊達家の家風や格式に関わる決まりごととして、役柄ごとに言葉遣いや髪型、衣装、立ち居振る舞い、挨拶や会釈の規則があることを述べ、それを細かく指示している。なかでも注意を促すのは、当主付と正妻付を分けずに双方に仕えるシステムである。五代吉村・貞子夫妻の時代に開始された伊達家の「風儀」であるとし、他家にない独自のシステムであることを強調している。

当主と正妻に別系統で仕えると思い込んで、当主に対して受け答えをしない者や、応答しても言葉遣いが違う者がおり、まずはこの点が早急に改善されなければならなかった。仕える主人を定められ、主人一人のために働く経験を経て伊達家に入った者たちは、二人の主人に言葉を選んで対応することは、容易なことではなかったのだろう。

当主付と正妻付を統合する職制は、奥向の経費の節約をめざして導入されたものとみられる。五代吉村の時代の最大の課題は藩財政の立て直しにあり、貞子付女中の給与も伊達家で支出していたことから、仕事を兼務させることにより、人数の削減を図ったものと考えられる。天明飢饉後の財政再建に迫られていた重村にとって、奥方の経費の緊縮は必要な課題であった。前代に将軍家から正妻を迎え膨張した支出を抑えるためにも、五代吉村夫妻が導入したシステムを当家の伝統と吹聴しながら、その定着をめざしたのである。

伊達家が問題視した奥女中の勤務の弛緩は、どのような事情で生じていたのだろうか。

一八世紀後期の女中の実態

江戸上屋敷の奥方は当時、仙台藩士の娘や妻で国元から上府した者と、伊達家や近衛家が江戸で雇い入れた者、さらに近衛家が上方で揃えた者がおり、武家と公家と庶民の出自を異にする女中が入り混じって働いていた。割合としては藩士の家族よりも、江戸に暮らす幕臣や上層庶民の娘の採用が増加していたことが推測される。重村には一三人もの子女が生まれ、このうち半分は夭折していたが、成長した子女のために新規に女中を採用して職制を整え、養子先や婚家に送り出していた時期でもあった。役柄に必要とされる器量を持ちあわせる者でなくとも採用せざるを得ず、十分な見習い期間もないままに役職に配属していた実態があったものと思われる。

一八世紀後期は、江戸市中の女性をとりまく生活環境が大きく変化していた時期でもあった。三味線や浄瑠璃など大衆的な芸能が流行し、新しい髪結いの風俗が生まれるなかで、それに馴染《なじ》み、受け入れる女中が増えていたことは推測に難くない。伊達家の「御家風」を受け入れて格式に見合う言葉遣いや所作を身につけることを期待しても、これに応える人材の育成は容易なことではなかった。

工藤綾子が体験した奥女中

そうした実態の一端を当時、伊達家の奥方に奉公していた工藤綾子《くどうあやこ》（只野真葛《ただのまくず》）が後年、みずからの半生を回想した「むかしばなし」のなかで思い起こしている。綾子は、伊達家上屋敷に奥医師として仕えていた工藤平助《へいすけ》の娘である。良縁に恵まれる機会を期待して奥勤めを勧める父に応えるように、一六歳となる安永七年（一七七八）に奉公に上がった。五年後の天明四年（一七八二）に重村の娘詮子《あきこ》の輿入れに随従して彦根藩井伊《いい》家の奥方へ移り、天明八年まで、合わせて一〇年間の女中奉公を経験していた。「むかしばなし」には御次同士の話が登場し、中老（中臈）を務めて綾子の「部屋親」であったという藤浦に触れた話もあるので、御次を経て中老に昇っていた可能性がある。関民子氏により紹介されているが〔関二〇〇八〕、行論と関わる部分を原文から読み解いてみよう。

綾子はまず、「花々しきことばかり見習いては、御殿はさびしきようにてありし」と述べている。「花々しき」とは、綾子の期待する奥御殿の環境が、学問や芸能の才知にたけた同朋が集まり、文化の香りの漂うことを思い描いていたのだろう。だが実際の御殿向は、和歌も物語も習得していた綾子の才能が活きる仕事場ではなかった。これに落胆した思いが「さびしき」と表現されたものと思われる。また、「いかなるゆえにや、出はに諸人がわるくあしらう心の所へいつもむくことになりし」と述べている。いくつかの役職を異動するなかで、どこの部署でも不誠実な勤務態度を感じる同僚に出会っていたようである。

そうした経験を積むなかで綾子は、「同役とはありてなきもの」と考え、「独り役ぞと心中に覚悟」することで、骨の折れる仕事ばかりを引き受けても恨み心は消すことができると悟るのである。おそらく綾子は、同職と意思疎通を図れず連携がとれないまま、自身の負担が増える体験を重ねて、一人で仕事を担う覚悟を持つことになったのである。綾子は他者と相いれない強い自我を抱いていた。だが、書き残した文章は、「御奥方格式」が指摘する江戸時代後期の奥女中の勤務の実態を裏付けているといえよう。

綾子は天明四年に井伊家の奥方に移ったので、「御奥方格式」により自らの勤務を正すことを求められる対象ではなかった。「御奥方格式」に掲げられた勤務の刷新を実行していく奥女中たちの姿はどのようなものか、史料を探索したい。

八代斉村から一三代慶邦まで

八代斉村・一〇代斉宗の正妻付

七代重村は寛政二年（一七九〇）に隠居し、八代を継いだ嫡子斉村は同五年に関白鷹司輔平《たかつかさすけひら》の娘誠子（興姫《おきひめ》）を正妻に迎えた。誠子は年子と同じく公家の出自であるので、前代の職制が当主夫妻の双方に仕えるシステムとともに踏襲され、伊達家の家風として根付いたことを推察してよいだろう。

誠子は三年後の寛政八年（一七九六）三月に嫡子の政千代（九代周宗）を出産し、翌四月に死亡した。さらに八月、斉村も帰国した仙台で急逝した。これにより誠子に付き従った女中の大半は伊達家を離れ、「奥方」の職制は以後、生後六ヵ月の当主政千代と、同年九月に側妻の喜多山《きたやま》氏が産んだ徳三郎《とくさぶろう》（後の一〇代斉宗）を養育する組織として整えられ、やがて成人男子に付ける職制に改められたとみられる。

周宗は文化九年（一八一二）、正妻を迎えないまま一七歳で病没したが、これより六年前、一一歳となった文化三年に増野と藤崎を御城使とすることを幕府に認められている（「女中帳」）。御城使は後述するように、当主と正妻が将軍家に大奥勤めを行うための使者となる女中である。それまで上臈が御城使を務めていたが、増野・藤崎はともに老女である。前代の正妻誠子の没後に上臈は不在となり、奥方はしばらく、老女をトップとする組織として続いていた。

一〇代を襲封した斉宗は二年後の文化十一年、紀伊徳川家一〇代治宝《はるとみ》の娘信子（鍇姫《かたひめ》・信恭院《しんきょういん》）を正妻に迎えた。紀伊徳川家で揃えられた信子付の女中は、御三家の格式からして、最上位に上臈を置き、側向・役女・下女の三系列を整備した大規模な職制であったと考えられる。信子付の老女であった岡村と三保崎が提出した誓詞が伝えられているが（伊達家寄贈文化財二三一—二三三）、「御前様御付」という記載がある。女中組織は当主夫妻を統合せずに、紀伊徳川家の女中は信子だけに仕えたのである。

一一代斉義・一二代斉邦の奥方

文政二年（一八一九）斉宗が二四歳で病没し、内分大名の一関藩田村家から斉宗の一人娘蓁子《もとこ》（芝姫《あつひめ》・真明院《しんめいいん》）の婿養子を見込んで斉義が迎えられ、一一代を継いだ。斉義は文政十年十一月、三〇歳で病没し、斉義の長女徽子《のりこ》（綏姫《まさひめ》・栄心院《えいしんいん》、後に勁松院《けいしょういん》）に娶せる婿養子として一門の登米伊達家から斉邦が迎えられた。天保十二年（一八四一）七月、斉邦は二五歳の若さで病に倒れ、徽子の弟で一一代斉義の男子慶邦が一三代を襲封した。

こうして、上屋敷の奥方は文政二年以降、弘化元年（一八四四）に慶邦が正妻を迎えるまでの二五年間、伊達家で召出した女中を中心メンバーとして運営されていたが、上臈は置かれず、老女が名実ともに奥方の最上位に位置付けられた。天保十二年十二月の奥女中の職制は、老女（御老女中）を筆頭に、「若年寄・御中臈・若キ衆・御小姓・表使・御右筆・御次・呉服之間・御三之間・御茶之間・御末頭・御末・御中居・御使番・御半下」の一五の職階からなり（「栄心院様　天保十二年十二月小御記録」）、全体構造は七代重村夫妻の当時の職制を受け継いでいる。

慶邦の代の上臈の復活

一三代慶邦は弘化元年（一八四四）四月三日、近衛忠熙《ただひろ》の養女備子（綱《つな》姫《ひめ》）と婚儀を挙げた。備子付の女中には上臈お千佐がおり、上臈を最上位に置く職制がここで復活した。ただし女中の配属は、前代までの伝統と、七代重村の正妻年子と同じ近衛家の出自からして、上臈を除いて当主と正妻の双方に仕えるシステムが継続されたことが推察される。

備子は八年後の嘉永五年（一八五二）に病没し、近衛家から付き従った女中の多くは伊達家を引き上げたとみられる。四年後の安政三年（一八五六）四月九日、慶邦は水戸徳川家九代斉昭《なりあき》の九女孝子（八代姫）を後妻に迎えた。孝子には御三家の格式として、上臈を最上位に置く職制が整えられた。また、孝子付の女中は孝子のみに仕えていた。だが八ヵ月後の同年十二月、孝子付の上臈をはじめ、水戸家から付き従った数名の女中が慶邦の意向に添わないという問題が発生する。

上臈をめぐる問題の発生

慶邦は安政三年（一八五六）十二月、歳暮の挨拶状に添えて斉昭のもとに書簡を送り、これを読んだ斉昭から十二月二十五日付で慶邦のもとに、次のように判断を述べる直書が届いた（『伊達家文書之九』三〇四一）。

上臈は京都から下向後、わずか三日ばかりこの方（斉昭）に居ただけであるので、人物については一向に知らないことである。その他の者も拙老は知らない者であるので、上臈をはじめ貴家（伊達家）でよろしくないとのことであれば、引き戻すことにする。また弊家（水戸家）の者でよろしくないとする者も、このまま差し置いては両家の「不和の本」になるので、双方でともによろしくないという者は引き戻すので、そのように承知いただきたい。上臈を付き従わせることは、最初に辞退していたことであったが、御三家の格式として已む無く一度は付けたものである。以後、上臈は付けないことにするので、この点も念のためにお伝えする。

斉昭の書状にはさらに追記があり、「以上のように決めたので、今後は慶邦が直書で仰せ越しても、判断は変えない。今度の女中人事は斉昭自ら選んで派遣するので、三、四年の間は試用期間としてみて欲しい」と述べている。さらに、ここで数人の女中を交替させても、伊達家の佐山と亀尾の二人がこれまでいろいろ厚く世話をしてくれているので、孝子にとって問題はなく、この点について斉昭夫婦は安心しており、今後もよろしく頼みたい、と綴っている。

上臈はこれまで述べてきたように、公家の娘が就任する役職である。水戸家は孝子の婚礼に合わせて京都で適当な人物を探して下向させ、到着して三日ほど水戸家に住まわせた後に、婚儀に合わせて伊達家に送っていた。斉昭が自ら人物を確認したわけではないと述べるのは、それが慣習であったのだろう。上臈当人にしてみれば、江戸に到着して旅の疲労が抜けないまま、女中の筆頭として伊達家に入り、すぐに役目に就かなくてはならない。江戸の大名家での暮らしや職務の重責に不安を抱えて気分が晴れないとしても、致し方ないところがある。一方、伊達慶邦にとっては、耐え難いと思う物言いが続いたものか、あるいは伊達家の女中たちと対立する場面があって、事情を伝えないわけにはいかなかったのだろう。斉昭もこれを了解し、女中の不祥事は両家の「不和の本」であるとする判断のもとに、事を収めたのである。

女中をめぐる大名間の対処

斉昭には二二男一五女もの子どもがいた。夭折も多く、とくに女子は早世が多かったが、成長した子女は外様や親藩、御三卿と縁組をしていた。九女孝子の縁組以前では、六女明子（松姫）が盛岡藩南部《なんぶ》利剛《としひさ》正妻となり、五男慶徳《よしのり》は鳥取藩池田家へ、七男慶喜《よしのぶ》は一橋徳川家《ひとつばしとくがわけ》へ、八男直侯《なおよし》は川越藩松平家へ、九男茂政《もちまさ》は岡山藩池田家へ養子に入り、家督を継いでいる。縁組のたびに女中を採用して職制を整え、送り出していたが、先方でのトラブル発生は少なくなかったのだろう。斉昭が家同士の不和になってはならないと判断したのは、そうした事態が懸念される経験があったのかもしれない。女中当人の思いや行動は確認することなく、当主の責任として女中を引き戻すことを了承し、数名合わせて引き取ることを決める一方で、再度の女中人事では試用期間を置くことを提案した。そのうえで、伊達家の老女である亀尾と佐山が正妻の孝子をしっかり支えていることを了解している。

ここでもうひとつ注目されるのは、上臈の位置付けである。将軍家はもとより、御三家にとって上臈は、大名家の格式を誇示する存在であったが、斉昭は不在でもよいとする考えであった。伊達家も幕末には、上臈を置かない職制を志向していたのである。

上臈と老女の変遷

ここまで、一三代二六〇年にわたった仙台藩伊達家の奥向奥方の変遷をたどってきた。江戸上屋敷の当主と正妻付女中の職制に焦点を絞り、代替わりを軸に整備が進む様子を明らかにしてきたが、改めて特徴的な点を整理しておきたい。

奥女中の職制は大名家ごとに千差万別であり、多様性に富むことが知られている。これを押さえた上で、江戸時代中後期のデータをもとに職制の類型化が試みられている。畑尚子氏は、江戸城大奥との親疎に差異の要素をみながら、幕府女中の職制を規範としたタイプと、老女・中老・側・次・末・半下を基本とする単純な組織の二類型に分けられるとする〔畑二〇〇九〕。福田千鶴氏は、これを発展させて、上臈を最上位に置く公家風の江戸城奥向女中型、老女の役割分掌が進み表使を置く役女分掌型、老女の役割分掌がない基本型の三類型を提唱している〔福田二〇一八〕。江戸時代前期に遡る職制の検討と、これに基づいた類型の成立過程の検討が研究上の大きな課題の一つとされてきた。

伊達家の職制は、右の類型化に従えば、幕府女中の職制を規範とするタイプの典型であり、上臈を最高位に置く公家風の江戸城奥向女中型である。江戸時代初頭から将軍家との縁組を介して江戸城大奥の影響が及び、また公家との縁組を重ねることにより、上臈を最上位に据える公家風の職制が定着し、これを長らく受け継いできた。ただし上臈と老女の位置付けは、一三代のなかで変化している。さらに老女の役割分掌が進んで、若年寄・表使・右筆・錠口番という役職が一八世紀後期の七代重村の時代に揃えられた。正妻付の女中の多くは実家から付けられることにより、代替わりで職制の変化があるが、時代を追ってその推移をみれば、奥方の運営上に必要とされた役職が段階的に創設され、整備されていったとみることができる。

老女は、江戸時代前期の江戸城大奥に役女として登場して以来、将軍の娘や養女との縁組を通して大名家に設置が進み、さらに縁組を通して拡充されていったことを想定できる。伊達家において老女の創設は、二代忠宗正妻振姫の時代で一六三〇～四〇年かと推定される。当初は局の下に置かれたが、六代宗村の正妻として将軍家から入輿した温子の職制で局と並ぶ格付けとなり、さらに七代重村の時代に至って局は老女に取り込まれて不在となった。この時期に老女は奥方の総取締として、側系列と役女系列の双方を差配し、責務を担う地位となった。さらに一一代・一二代当主のときに上臈が不在となり、老女が名実ともに職制のトップとなったのである。

大名家のなかには、幕末の段階で老女の上に上臈・介添・局が存在する例はある。それぞれの家で老女の権限はどのように変化しているのか、明らかにされる必要があろう。

奥女中の就業規則

職務と役割分掌

奥女中はどのような職務を担い、いかなる規範のもとで働いていたのだろうか。仙台藩伊達《だて》家《け》を中心に、諸大名家の例も織り交ぜながら明らかにしてみたい。

伊達家の三系列の役職

伊達家で七代重村《しげむら》のときに制定された「御奥方格式《おんおくかたかくしき》」には、巻四に「一役切《ひとやくきり》小役係《こやくかか》り等之事」と題して、役職ごとの仕事の中身を定めている（高橋二〇一三）。奥女中の職務を具体的に記した同時代の史料として貴重である。ただし前章で述べたように、「御奥方格式」は一八世紀末期の奥方の改革のなかで制定された経緯があり、従来の職掌から変更された部分があることを念頭に置く必要がある。表5に役職の名称と仕事の概略、系列などを示したので、これに基づいて説明を加えていこう。

まずは役職の構成をみておこう。一般的には、「役女系列《やくじょけいれつ》」（役女と略称する）・「側《そば》系列」（側向と略称する）・「下女《げじょ》系列」の三系列に分けられることは前章で触れた。「御奥方格式」では、「外様向」（「外様」「外向」ともいう）と「御側向《おそばむき》」（「御側廻之勤《おそばまわりのつとめ》」「御側」ともいう）の区別を設けている。これらの記載がない下位の役職については、上位の役職の下働きをする「下女系列」とみることができる。「外様向」とは、奥方の事務と管理に携わる仕事を指しているので、「役女系列」に相当するとみてよい。「御側向」は、主人の身の回りの世話に従事する役職であるので、「側系列」に相当する。「下女系列」を含めて、伊達家の職務の構成は、標準的な三系列と変わりはないが、若干の違いがある。

「外様向」は、老女《ろうじょ》（御年寄）・若年寄《わかどしより》・表使《おもてづかい》・御錠口番《おじょうぐちばん》・御右筆《ごゆうひつ》・御次《おつぎ》・呉服之間《ごふくのま》が担う仕事である。御次と呉服之間がこの系列に含まれるのは、一般的な「役女系列」の構成と異なっている。御次は、上臈《じょうろう》の上に上臈御年寄が置かれた場合に、その給仕や送り迎えを行う役目がある。呉服之間は、衣服の仕立てが本務であるが、御次の補助に加わることがあるとされている。よって、ともに下働き的な仕事でありながら「外様向」の職務に連なる位置付けに置かれたのだろう。

「外様向」のうち、老女・若年寄・表使の三役は「役人《やくにん》」と呼ばれ、老女は「役人之頭《やくにんのかしら》」に位置付けられている。では、「役人」とはどのような存在だろうか。ともに女中全

職務の系列	「表」で相当する身分・勤方
正妻御側向	御一家または奉行に相当 勤方は一門衆家老・刀番
御側向・外様向（役人之頭）	番頭以上に相当 勤方は奉行などさまざま
御側向・外様向（役人）	御召出以上詰所以上に相当 勤方は若年寄・小姓頭・刀番・〆り役
御側向（御側之頭取）	御召出以下詰所以上に相当 勤方は小姓・刀番・判形役・小納戸・手水番・物置〆り役など
御側向	詰所以下奥小姓に相当 勤方は小納戸・手水番・奥小姓
御側向	詰所以下児小姓に相当 勤方は児小姓
外様向（役人）	詰所以下小姓組に相当 勤方は目付・諸役本〆と御徒目付兼帯
外様向	
外様向（役人に近い）	詰所以下御右筆に相当 勤方は右筆と頭立物書兼帯
外様向	詰所以下で表小姓より定供迄相当 勤方は引合わず
外様向	詰所以下で引合わず 勤方も引合わず
	組侍に相当 勤方は御茶道・御徒組など兼役，坊主

表5　仙台藩伊達家江戸上屋敷「奥方」付女中の職制

職　名	主な職務
大上臈・小上臈	①姫君様御側向の御用，②人により御城使と他所向御用，③日記方，④規式事・衣装付・給仕・膳部，⑤御側御用向代筆，京都等表立重い自筆書代筆
御老女中（御年寄・御年寄女中）	①御側向・外様向の一式御用，諸格式・諸願・御入料向を始め万事，②日記方，③人により御城使，④給仕・配膳等，⑤屋形様刀持
若年寄	①御側向・外様向の諸格式・諸願をはじめ万事，②御側廻り，③御膳方一式，④御守方・御薬方，⑤御納戸・小納戸・御道具方，⑥他所懸合い文通，⑦給仕
御中臈	①御側向一式，若キ衆・御小姓等へも心添え，②御薬方・御風呂屋方・御寝所懸り，③御召物方・御道具方，④給仕
若キ衆	①御側向御用すべて，②御召物方・御道具方・御寝所係・御風呂屋方等，③給仕
御小姓	①御側向，②給仕・御茶・煙草盆等軽き事，ほかに御相伴給仕
表　使	①外様向，諸格式・諸願・諸向〆り，②火の用心・御普請向・部屋方万事取扱い，③他所懸合い・文通，④奥老始め表諸役人へ応対取次一式
御錠口番	①御錠口から軽い御用の取次応対懸合，②御上り物御茶等受取（老女・若年寄の代理），③刀持（錠口に老女・若年寄居合わせる際に渡す）
御右筆	御城方・他所文通ほか御祝儀事・御座敷向・進物等
御　次	御上り物方，上臈御年寄衆の給仕と送り迎え，御茶之間で取扱い物
呉服之間	御仕立一通り，出先等で御次不足の際はお目見え済みの者は御供
御三之間	古参の者は人により御上り物方，上臈・老女始め給仕諸用向，上臈始め送り迎え

（役人同前）	組侍と組抜両方へ相当 勤方は引合わず
	凡下で御小人御足軽組頭相当 勤方は同上
	凡下で御小人御足軽並組御供小走などに相当 勤方は同上
	凡下で御小人御足軽並組に相当 勤方は同上

「御末頭」以下の役職は記述個所により順番が異なる．

体を管理掌握して奥方の運営に責務を負う役柄であり、後述するように懲罰に関わる仕事も受け持った。また、広敷《ひろしき》向《むき》の男性役人と接して交渉や取次を行う任務がある。こうして格付けられた役柄は女中名にも反映している。いずれも女中名は漢字二文字（音羽《おとわ》・清見・綾瀬・長沢・野崎など）で表記され、苗字の仕様であるが、これは「年寄名《としよりな》」と呼ばれている。御中臈《おちゅうろう》以下の女中の名前は基本的に仮名二文字（るい・ゆいなど）か、源氏名《げんじな》（梅かへ・やなぎなど）がつけられるのと大きく異なっている。この特徴は、江戸城大奥の女中と共通する。御右筆は、役人に近いという説明がみえ、下位の役職である御末頭《おすえがしら》も、御末を取り締まる役柄によるのだろうが「役人同前」とされる。だが、名前は仮名文字であり、三役との隔たりは大きい。

「御側向」は、上臈・老女・若年寄・御中臈・若キ衆・御小姓《おこしょう》が担う仕事である。つまり老女・若年寄の二職は、奥方の役務の全体を取り仕切る役目として、「外様向」と

御末頭（御中居頭）	御膳等一式中居始め支配，諸町人取次
御中居	御膳等一式，諸町人取次
御使番	御右筆部屋勤め，御城・他所文通取次，町人取次
御茶之間（御走太・御半下）	御茶之間で雑務，炭・薪・燭台等道具の取集め

注：上臈と老女の間に置かれた「御介添」「御局」は当時不在のため除外した．
出典：「御奥方格式」巻四・巻六をもとに作成．

「御側向」の双方に関わることが重要である。

続いて、職務の中身を上位の役職から順にみていこう。

上臈・老女・若年寄の職務

重村の代には女中を当主付と正妻付に分けずに統合して、両者に仕えるシステムとしていたが、最上位の役職である上臈（大上臈・小上臈）については、「姫君様」と呼ばれた正妻に近侍して、その側廻りと御用に関わる仕事のみを担当した。規式事《きしきごと》・衣装付《いしょうづき》・膳部《ぜんぶ》の全般を担い、適任者が選ばれて御城使《おしろづかい》（江戸城大奥への使者）と他所向御用（他家との交際に関わる仕事）の任務も担う。近年は介添《かいぞえ》が置かれないなかで、介添の本役であった日記の作成、および正妻の手紙の代筆などが上臈の仕事に加えられた。ここでいう日記とは、正妻の起床に始まる日々の行動を詳細に記録していたものとみられる。代筆とあるのは、正妻の名で出される手紙の大半が正妻自身ではなく、上臈の筆で書かれるのである。

老女（御老女中・御年寄・御年寄女中）は、女中組織の全体を統括し、職務を指揮する立場にある。よって「御側向」と「外様向」双方の御用・諸格式・諸願・御入料向《ごにゅうりょうむき》（勘定に関わる仕事）をはじめ、万事を担当し、これらに精通することを求められた。上臈の本役である給仕・膳部などにも加わる。上臈で日記の用務を担う者がいない場合は、老女の加役となる。また、適任者が選ばれて御城使を務める。当主が奥方に入った際には、若年寄とともに刀持を務める役目もある。

若年寄は、老女の補佐役として、「御側向」「外様向」ともに万事を扱う役職である。ただし御入料方、および「御年寄方御用」などは、適任者が選ばれて担当する。他家との文通では、老女が扱うには先方の身分が低い場合に担当する。指示系統として、御中臈・若キ衆者などを導いて万事に配慮し、御側向の仕事を統括する責務を負った。

御側向の職務

御中臈から下の役職は、基本的に御側向と外様向に分かれて職務を定められている。御側向に専従する御中臈・若キ衆・御小姓のうち、御中臈・若キ衆と、上位で御側向に関わる上臈・老女・若年寄に対して、用務の分担が「小役係」として細かく定められており、これを表6にまとめた。

御側向の仕事は、大納戸《おおなんど》・小納戸・御道具・御守《おもり》・御薬・御膳・御風呂屋・御寝所《ごしんじょ》・御書物・御櫛《おぐし》・金銀方・御給仕など、多岐にわたる。このうち大納戸は衣服や調度を管理す

表6　小役の担当

小口役	担　当	
大納戸	老女・若年寄，御中臈も加わる	
小納戸	老女・若年寄・御中臈	
御道具方	老女・若年寄・御中臈，若キ衆も加わる	
御守方	若年寄持前，上臈・御中臈・若キ衆加役は思召次第	
御薬方	御中臈本役，若年寄加役	
御膳方	若年寄本役，御年寄御用懸り思召次第	
御風呂屋方	御中臈本役，若年寄・若キ衆加役は思召次第	
御寝所係	若年寄・御中臈本役，若キ衆加役は思召次第	
御書物方	御中臈・若キ衆で読物歌などいたす者	
御櫛番	御中臈・若キ衆	
金方(金銀方)	老女・若年寄	
御給仕方	御配膳	上臈本役，老女も務める
	御三土器	若年寄
	御　肴	老女
	御　酌	上臈本役，老女も務める，年始等に末々へ御盃の節は若年寄・御中臈も担当
	御　加	御中臈本役，年始等に末々へ御盃の節は若キ衆へ加役
	御本膳	上臈・老女本役，平常は若年寄・御中臈
	御　鉢	祝儀の節は若年寄，御中臈普段共に
	御吸物・御銚子・御湯・御菓子	祝儀の節は若年寄・御中臈，普段は若キ衆でもよい

注：「御年寄」を老女に直した．御三土器は酒礼に用いる三重ねの土器を用意する役割か．御加は酒を銚子などに注ぐ役割をいう．

る役目である。小納戸は明確な説明はないが、江戸城大奥では膳の毒見や食事の管理などが役目であるので、同様の仕事であったかと思われる。給仕を含む側向の仕事の大半は、上臈・老女・若年寄の本役である。御中臈と若キ衆はこれに加わるが、御薬方・御風呂屋方・御寝所方・御書物方・御櫛番、および給仕のうち御加《おくわえ》（酒を銚子《ちょうし》などに注ぐ役目）や、御吸物・御銚子・御湯・御菓子などの扱いは御中臈の本役であり、これに若キ衆が思召し次第で加わる。

御小姓は、「小役係」としての任務の記載はないが、役職の説明では、御側向を務めるほか、給仕・御茶・煙草盆など軽き事を担うとあり、ほかに御相伴《ごしょうばん》（大上臈など随従する女中の飲食）の給仕がある。

御側向の仕事にこのような細かい担当の振り分けがあるのは、一つひとつに格式があり、これを覚えて振舞い、対応する必要があったからである。なかでも給仕は、大名家の人々に対するのと、御相伴の者に出すのとでは、膳の持ち方が段違いに異なり、鉢の盛り方なども違うとされている。こうして、上臈と御中臈はとくに格式を十分に覚えることを求められている。

表使・御錠口番・御右筆の職務

表使・御錠口番・御右筆は、「外様向」に専従する役職である。表使は、「諸格式、諸願、諸向〆り」（もろもろの格式・願い事・取り締り）を扱うほか、火の用心・御普請向・部屋方《へやかた》など万事を担当する。また、他家との文通では、若年寄が取扱うには先方の身分が低い場合に表使が受け持つ。広敷向に詰める奥老《おくろう》をはじめ、表向の諸役人との取次・応対はすべて表使の役割である。

御錠口番は、広敷向と御殿向《ごてんむき》の境界に置かれた錠口に詰めて、広敷役人に軽い御用を取次ぐほか、「御上り物」（召し上がり物）や御茶の受け取りなどを務める。錠口の中に入る男性役人の刀持を務める場合もある。表使が不足のときには、その補助役として取り締まりも担当する。

御右筆は、江戸城大奥、および他所への文通において文面を作成する。また、御祝儀事や御座敷向《おざしきむき》、進物などの仕事を担当する。御用向に関わるので役人に近い立場とされている。

御次以下の職務

御次より下の役職は、基本的に上位の役職の下役であり、雑用に従事する点で「下女系列」に位置付けられる。

まず御次は、御茶之間に詰めて「御上り物方」と、上臈御年寄の給仕、および送り迎えを務める。また御台子《おだいす》（茶の湯の道具を納める棚付きの道具）の管理を行い、御茶之間で細かい物の取扱いを担当する。

呉服之間は、衣服の仕立一式を担当する。御座敷向の務めはないが、御出先などで御次が不足のときに、お目見えをした者はお供もする。「御上り物」には関わらない。

御三之間《おさんのま》は、古参の者は人により「御上り物」に関わる。そのほか上臈・老女などの給仕や送り迎え、諸用向を担当する。

御中居頭《おなかいがしら》は、膳部に関わるいっさいを、御中居を支配して担当する。また諸町人の取次ぎを行う。

御中居は、膳部に関わるいっさいを担当し、町人の取次ぎも担う。

御使番は、御右筆部屋に勤務して、江戸城大奥や他家への文通の取次ぎを行う。また、町人との取次ぎにも関わる。

御茶之間（御走太《おはした》・御半下《おはした》）は、御茶之間に詰めて雑事に従事する。薪炭や燭台などの道具を集めるほか、御寝所・御休所《ごきゅうしょ》の掃除も行う。

役職の序列

役職の全体を出自と対応させて見渡すと、呉服之間以上が「侍宿《さむらいやど》」（士分）の出自とされ、お目見えを許される身分である。御三之間以下は「凡《ぼん》下宿《げやど》」の出自で、お目見え以下の身分とされた。凡下というのは「凡下扶持人《ぼんげふちにん》」の略称で、狭義には士分以外の下級家臣を指していうが、ここでは町人・農民の庶民も含む出自とみてよい。ただし、女中の出世の起点は御三之間に置かれ、御三之間から御次へ昇進する者が少なくなかった。つまり凡下の身分にも女中職の昇進を可能としていたのである。

職務と関連してもう一つ注目したいのは、名前の呼び方に関する規則である。序列を反映して細かい差異が定められている。上﨟の「お喜曽御方《きそおんかた》」は、老女に対しては様付け、もしくは殿付けで呼び、若年寄には殿付け、御中﨟より下の者へは「お」の字を付けて呼び捨てる。老女は、上﨟に対しては様付け、同役は様付け、もしくは殿付け、若年寄以下へは上﨟と同様とされた。若年寄から表使までは、上位の役職に対しては様付け、同役は様付け、もしくは殿付け、下位の役職には基本的に「お」の字を付け呼び捨てる。御右筆・御次・呉服之間は、上位の表使まで様付けとされ、同役は「お」の字付けで呼び捨て、もしくは殿付けとし、御三之間に対しては「お」の字付けで呼び捨てとされている。

さらに呼びかけの言葉にも決まりがある。上﨟の場合、老女には「おまへ」と呼び、若年寄へは「おまえかた」、御中﨟から御小姓までは「こなた様方」、御右筆から呉服之間へは「こなた衆」、御三之間から御中居頭までは「そちたち」と呼びかける。たとえば老女に対しては、「おまへケ様《かよう》に被成《なされ》て、私かケ様に致して」と話しかけ、御三之間には「そちたち、かうしゃれ、そうしゃれ」と命じるのである。

階梯をなして構成された奥女中の組織は、いずれの役職にも上位・同役・下位の序列を意識化させる言葉遣いが定められていた。女中たちは仕事の意思疎通を図るための言葉遣いを覚えるだけでも、相当の訓練を要したものと思われる。

仙台城「中奥」の職制

仙台城「中奥《なかおく》」の女中の職制についても触れておこう。「中奥」は当主とその子女たち、および生母に仕える仕事であるので、正妻がいる江戸上屋敷より役職と人数は少なく、職務に違いもあった。上﨟は不在で、若年寄は一人役もしくは不在となる時期がある。下位の役職の御三之間・御使番などは置かれなかった。そのため、若年寄の本役である御膳方や金銀方は、老女がこれを担当する。御中﨟が不足の節は若年寄が御中﨟の御用へ加わる。表使は、御普請方御入料へも加わるほか、軽い御用は表向の留守居《るすい》に掛け合うこともある。

こうした職務と対応するかたちで、出自と役職の関係も江戸上屋敷と異なった。呉服之間と御次は、凡下宿からの採用があり、その身限りで「士分」とされる者が存在した。つまり御次と呉服間は庶民の出自であっても、御側向や表使への昇進が可能であった。また、御茶之間は江戸屋敷の御三之間の役職に相当することになるので、出自は庶民であっても江戸の御茶之間より「勤め方がよろしい」とある。御末頭は、身分は軽いが二の丸御留守居などへ駆け合うこともあるので、役人同前の立場とされている。「中奥」は一八世紀末当時、士分の者が不足し、凡下宿からの採用で補われていたが、庶民の出自に対して昇進の可能性が広げられていたのである。

女中の統合

伊達家では五代吉村《よしむら》以降、当主付と正妻付を分けずに両者に仕えるシステムが断続的に続いていたことを先に述べた。伊達家はこれを一八世紀末の段階で、当家の独自のシステムであると認識していたが、他家にも類例はあり、幕末にかけて増加する傾向にあったようである。この点をみておきたい。

福井藩松平家《まつだいらけ》では、一二代重富《しげとみ》のもとで進められた倹約政策のなかで、天明七年（一七八七）に世子《せいし》の治好《はるよし》と、婚姻が予定されていた定姫付を兼務とする策が採用された。以来、幕末の一六代慶永《よしなが》の代まで、財政の窮迫を背景に、藩主付と正妻付のうち、下女系列の統合が常態化していたという〔柳沢二〇二二〕。

秋田藩佐竹家《さたけけ》では、一一代義睦《よしちか》付から、当主夫妻の女中が統合されている。一〇代義厚《よしひろ》から一二代義尭《よしたか》までの職制を示す記録が残されているので、確認しておきたい。表7は、この三代の職制を示したものである。当主付は一〇代義厚までは、表局《おもてつぼね》を最上位に置き、その後二代は御介添が最上位に代わるが、全体として老女・御中老・御側・表使・御次・御中居・御末を置く職制を整えている。正妻付は、土佐山内家《とさやまうちけ》から入輿した一一代義睦正妻に御介添がいるのを除いて、老女を筆頭に御中老・御側・御小姓・表使・御次・御中居・御末を揃えた職制である。人数は一〇代・一一代では、正妻付が家柄を反映して当主付の二倍に近い規模である。一二代義堯正妻は分家の家筋であることで、当主付とほぼ変わりない。

こうした構成にあって、一一代義睦付の女中一三人のうち、御介添一人（袖岡）、老女一人（早瀬）、御中老一人（久枝）、御次一人（みす）、御中居二人（花・まさ）、御末二人（みとり・皐月）の合計八人は、正妻悦子付と兼務とされている。つまり御側の役職を除いて、義睦付の御介添・老女以下、大半の役職は当主と正妻双方に仕えたのである。義睦は安政四年（一八五七）三月に悦子と婚儀を挙げたが、義睦の職制を示す史料は同年正月のものである。よって八人は、義睦付の佐竹家の女中を悦子の入輿後に双方の配属としたもので、縁組に際して取り決めていたとみられる。

義睦は婚礼からわずか三ヵ月後、

10代②素	11代悦子	12代多喜
鳥取池田斉稷娘 天保13（1842）	土佐山内豊資娘 安政4（1857）	岩崎佐竹義純娘
	1	
1	3	1
1		
1	2	1
7	5	4
1	2	
1		1
6	7	5
4	3	1
	5	3
22人	28人	16人

（秋田県立公文書館，AS317-136-1）.

表７　佐竹家当主夫妻付女中

	10代義厚	11代義睦	12代義堯	10代①鋭
治　世	1815～1846	1846～1857	1857～1871	
出　自				加賀前田利幹娘
記録年代	弘化３（1846）	安政４（1857）		天保11（1840）
表　局	1			
御介添		1	1	
老　女	3	1	2	2
若年寄				
御中老		2	2	2
御　側	1	2	2	5
御小姓				2
表　使	1		1	1
御　次	1	2	4	5
御中居	2	3	2	2
御　末	3	2	1	2
合　計	13人	13人	15人	21人

出典：「御附女中之覚」（秋田県立公文書館，AS317-136-２），「御附女中之覚」

二度目の秋田への帰国からまもない七月に病没した。この事情にあって、義睦と悦子の双方に仕えていた女中のうち、御介添（袖岡）・老女（早瀬）・御中老（久枝）の三人は、跡目を継いだ一二代義堯付に配属を替えられ、義睦付の御側であった早野は表使に役替えして、義堯付に配属された。当主の代替わりで女中が次代の当主付に加わる例は、一〇代義厚から一一代義睦への代替わりにも確認でき、他の大名家で一般的にみられる人事でもある。そして義堯もまた、岩《いわ》崎藩《さきはん》から迎えた正妻多喜と「御二方様御付」とする女中の制度を踏襲し、老女一人、御中老二人、御側二人、御次四人などを正妻と双方に仕える者としている。このうちの半分は多喜付の一六人に名前はないが、実質的に従来の正妻付の人数に揃えた女中を置いたかたちである。

鳥取藩池田家《いけだけ》では、文久二年（一八六二）に参勤交代制が緩和され、正妻の帰国が認められたのを機に、女中の統合が進められた〔福田二〇一八〕。幕末には同様の動向が進行していた可能性がある。

看取りを担う

側向を担当する女中の役目の一つに、看病がある。当主の看病は、奥向表方で側方の男性家臣により担われた。白河藩主で幕府老中を務めた松平定信《さだのぶ》は、文政十二年（一八二九）五月十三日、屋敷の焼失により避難していた伊予松山藩松平家の中屋敷で亡くなったが、最期の病床では伏すこともできなくなった定信を、近習《きんじゅう》頭《がしら》が昼夜なく後ろから抱えて支えていたという。元平戸藩《ひらとはん》主松浦静山《まつらせいざん》による『甲子夜話《かっしやわ》』が伝える逸話である（『甲子夜話続篇二』）。奥女中が看ていたのは、正妻や側妻、子女たちである。看病の基本はこの時代、常に側を離れずに付き添い、容体を見守ることにあった。

女中による看病の実態を知る史料は見出しにくいが、慰労に関わる記録は手がかりとなる。鳥取藩池田家の奥女中の例を挙げておこう〔谷口二〇二二〕。宝暦八年（一七五八）一月二十一日、鳥取藩池田家二代綱清《つなきよ》の養女豊光院《ほうこういん》（豊姫）が六六歳で死去した。婚家の徳島藩蜂須賀《はちすか》家一〇代重喜《しげよし》は、豊光院付の家臣と奥女中に対して、「御病中も出精《しゆっせい》いたし候」ことを「御太慶思召《ごたいけいおぼしめす》」として、金品を支給したという。この情報は、池田家の「家老日記」（鳥取県立博物館所蔵）に記されている。豊光院は蜂須賀家五代綱矩《つなのり》の嫡子吉武《よしたけ》に嫁ぎ、吉武が世子のまま死去した後も池田家には戻らずに、吉武の側妾が産んだ娘や、綱矩の娘の養育に携わりながら、五〇年近い年月を蜂須賀家の江戸屋敷の一つである目黒《めぐろ》屋敷で暮らした。豊光院付の女中はすべて池田家から随従した者たちで、俸禄《ほうろく》も池田家から支給されていた。豊光院の死去時に池田家が永《なが》の暇《いとま》を申し渡した女中は三〇人を数え、この女中たちには同年三月半ばに池田家から、慰労金が支給された。

一方、三月二十二日に蜂須賀重喜は、池田家からの付人《つきびと》であった男性家臣三人と、複数の女中を右記のように労ったのである。女中のうち若年寄に銀三枚ずつ、小姓に銀二枚ずつ、御次に金五〇〇疋ずつ、中居に金一両ずつ、御半下には金三〇〇疋ずつが支給されている（「家老日記」宝暦八年四月七日条）。老女二人は含まれず、若年寄以下、側系列とその下役の女中が複数人であるのは、実質的に豊光院の看取りを協働で務めた女中の精励を慰労したことになろう。

豊光院には持病があり、以前から女中たちの看病が続いていたが、重篤となった最期の一二日間は、昼夜交代で側に付添い、見送ったのだろう。蜂須賀重喜にとって、豊光院は、当家の娘たちの育ての親というべき大事な家族であった。その療養の日々を支え、最期を看取った女中のはたらきは、格別に尊い役目として認識されたのである。なお、男性家臣で慰労された三人のうち、神戸門三郎（反物三端・銀一〇枚）は、豊光院の付人の主席であり、真崎喜七郎（反物二端・銀五枚）は同じく次席を勤めており、大嶋玄覚（反物二端・銀五枚）は医師であった。それぞれ療養中に果たした用務をもって労われたのである。

奥女中が担うケア役割は、さらに実態が掘り起こされる必要がある。

出張・随行

奥女中の仕事の場は屋敷の中だけではなかった。寺社の代参をはじめ出張を命じられたり、主人や子女の移動に随行して世話をすることもある。徳川家康が鷹狩を好み、宿泊を伴うときには女中を同行させていたことは、よく知られている。鷹狩への随行は将軍家では家康の代だけのようであるが、福井藩松平家では天明七年（一七八七）まで、藩主の野廻への女中の随行が続いている。同年、広敷用人に対して、これを禁じていることから知られる事実である〔柳沢二〇二二〕。

鳥取藩池田家で一〇代斉稷《なりとし》の子誠之進《せいのしん》（一一代斉訓《なりみち》）の養育係に任じられた若年寄の米田は、斉訓の成人後もその側妻選びに関わり、京都へ見分に出かけたことがある〔谷口二〇一四〕。育ての親である米田の眼鏡に敵《かな》うことが側妻の重要な条件となり、選任の重責を担って出張したのである。

一方、藩主付の女中の一部は、参勤交代の供をして、隔年で江戸と国元を往復している。参勤交代制度は幕末の文久二年（一八六二）に緩和され、参勤は三年に一度、江戸在府は一〇〇日に短縮されたが、女中の随行はこれ以前まで長く続いた慣行である。秋田佐竹・盛岡南部《なんぶ》・仙台伊達・福井松平・紀伊徳川・岡山池田・津山《つやま》松平・鳥取池田など、多くの大名家で、史料的には一八世紀半ばの時期から確認されており、初発はさらに遡る可能性がある。女中たちは藩主の出立から前後一週間のうちに、家臣に付き添われて別部隊で移動した。津山松平家の場合は毎度、女中四、五人にその世話をする下女を合わせて一〇人前後が移動し、家臣と陪臣、人足を含めて三〇〜五〇人、多い時で七〇人もの規模の伴立てとなっていたという〔妻鹿二〇一六〕。

伊達家の場合は仙台城「中奥」に老女以下の職制を恒常的に整備していたので、参勤交代の供をする女中は側向が中心である。これに対して盛岡南部・紀伊徳川・津山松平・鳥取池田などでは、老女が随行した例が多くみられる。家督を継ぐ前の幼少期から長く近侍していた奥女中との人格的な繋がりの強さが背景にあり〔福田二〇一八〕、老女は江戸と国元の双方で当主の日常を支えていたのである。

出仕・役替・昇進・懲罰

新参の規則

伊達家の「御奥方格式」（図3）には巻六に、新参《しんざん》・役替《やくがえ》・昇進・懲罰に関する規則を定めている。いわゆる就業規則に相当するもので、従来不十分であった人事管理の規定を整備し、老女の掌握する事項として明示したのである。

新参とは、女中として初めて奥方に出仕することをいう。「新参上り《しんざんのぼり》」と称して、一〇日ほど御茶之間に出仕した後に、お目見えを行うのを決まりとした。御小姓については、一〇歳以下の者は出仕初日に直接お目見えがある。つまり奥方で初めて働く者は、一〇歳以下で御小姓に採用された者を除いて、役職の区別なく全員が、御茶之間に一〇日間ほど通い詰めた後に本採用となる。お目見えはいわば採用の最終試験であり、これより前に女中として働く覚悟を持たせるための試用期間が置かれたのである。

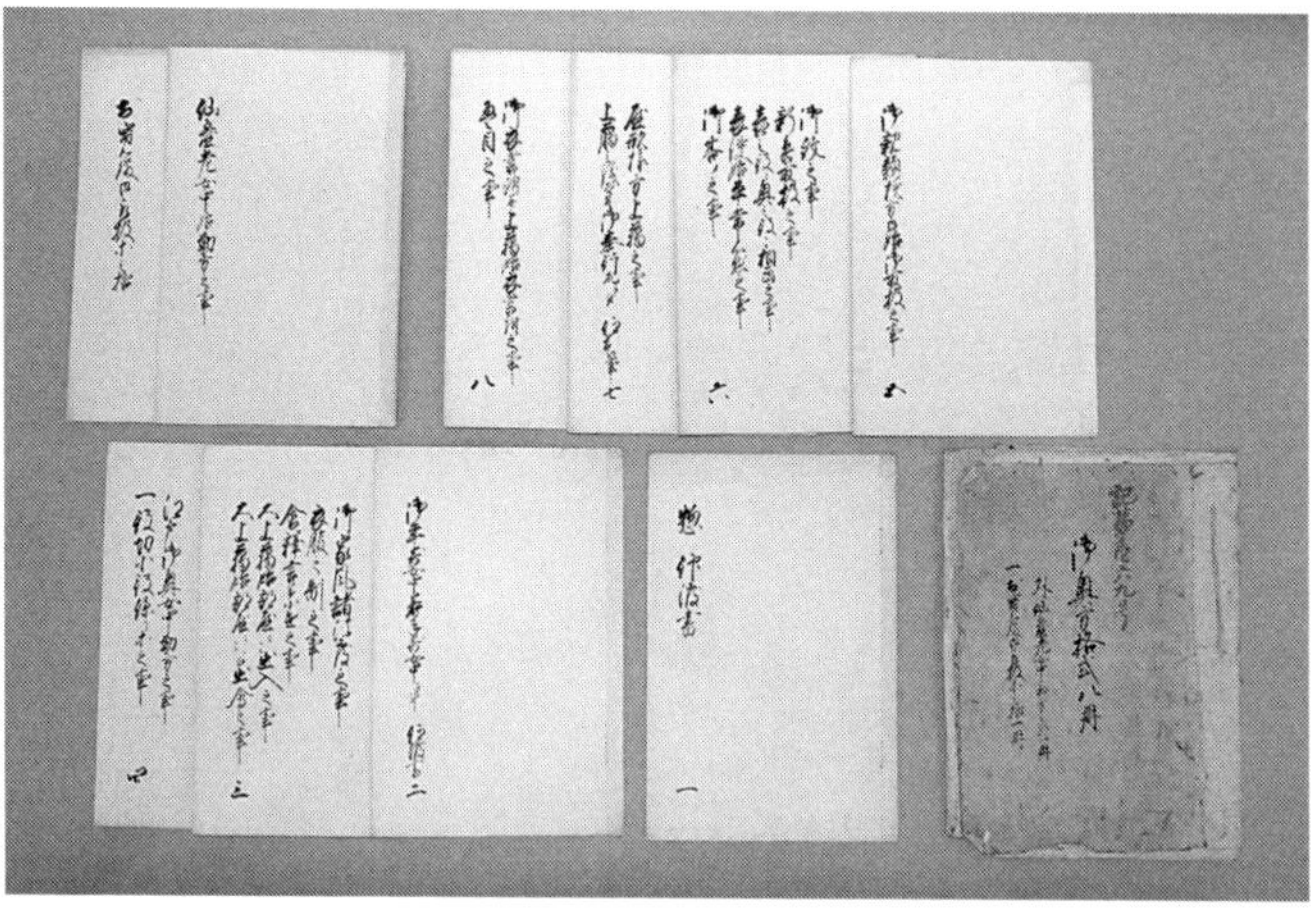

図３　「御奥方格式」（仙台市博物館所蔵）

新参で給仕などを担当する者は、一五〜二〇日ほど勤めて仕事に慣れた後に、その任務を仰せ付けられる。給仕は御中臈・若キ衆・御小姓が担当する役目の一つであるが、配膳や立ち居振る舞いに粗相がないように、相応の所作を身につけるための研修期間が設けられたのである。

役替の規則　役替も見習い期間を経て行われる。側向で役替がある場合の見習い期間の基準は一〇日である。御次から「奥」（上位）への役替は、早々にお目見えを済ませた後に一〇日間ほど見習い期間を置いて命じられる。

新参で御寝所係を担当する者は、出仕から一年後とされた。御寝所係は表６に示したように、御中臈が担う本役とされていたが、若キ衆がこれに加わることもある。担当の年数・日数は人により思召し次第とされた。表使・御錠口番から御寝所係に役替の場合は、勤めに慣れているので、新参より早く命じられる。仙台城「中奥」で御側勤めをした者で、江戸屋敷に上がる者は、なお早く担当に就く。ただし、人数の多少によって変更されるとある。

新参で御右筆・御次・呉服之間を務める者は、一年ほど過ぎてからお目見えがある。ただし以前その下役を勤めた経験があり役替となる者は、五ヵ月ほどでお目見えが行われる。

役替の伝達者も定められている。「上臈以上」の役替は、奉行（他藩の家老に相当）が出向いて老女を呼び出し、老女へ書付をもって申し渡す。上臈以上とはおそらく、上臈御年寄に昇進する者を指すのだろう。役職の説明に上臈御年寄の名称はないが、実際に上臈御年寄が置かれていた時期があった。この人事は表向の奉行のもとで決裁され、当人に伝えられた上で、老女に対して文書で知らされるのである。

老女の役替、つまり老女への昇進は、奉行衆が出向いて直接、老女に申し渡す。ここから、老女の人事も奉行衆が掌握していたとわかる。

若年寄以下、側向（御中臈・若キ衆・御小姓）への役替は、「御前《おまえ》」（当主・正妻の面前）に老女が列座し、若年寄が当人に寄り添い、月番の老女が申し渡す。表使と御錠口番の役替は、御茶之間に老女が列座し、若年寄が侍座《じざ》（控えに座る）して、月番老女が申し渡す。

御右筆・御次・呉服之間の役替は、若年寄が列座し、表使が当人に寄り添い、若年寄から申し渡す。御三之間より下の役替は、表使が列座し、表使が申し渡す。ただし「凡下」の役職である御中居・御使番・御茶之間から、「組士格」の役職である御三之間・御末に昇進する者については、表使が寄り添い、若年寄が申し渡すとされている。

役替の通達はこのように、役職の格式により異なるのであるが、老女以上の人事については、表向の奉行に人事権があった。若年寄以下の人事は老女が掌握し、役人とされた若年寄と表使も人事管理を行う任務にあったとみることができる。

誓詞の提出

役職に就任する際には、誓詞《せいし》を提出した。忠実に職務を遂行することを神仏に誓い、署名をして、血判を押すのである。これは表向や奥向表方の男性役人が行うのと同様の慣わしである。一般的に誓詞は神仏にかけて誓約する中世以来の起請文《きしょうもん》の様式を踏襲して、誓約の内容を記した前書《まえがき》と、誓約に背いたときに罰を下す神仏の名を列挙した神文《しんもん》からなる。伊達家の神文は熊野《くまの》神社が発行した牛玉宝印《ごおうほういん》の紙背に書かれ、前書きに糊付けする仕様で整えられている。

伊達家寄贈文化財として伝来する奥女中の起請文で最古のものは、寛保元年（一七四一）三月十九日に江戸上屋敷の老女三人が連署したものである。このほか、仙台城「中奥」に勤める老女や、正妻の入輿に伴い付き従った上臈御年寄や老女が提出したものが伝来している。当人が書いて署名・血判をした形式のほか、同職が名前を連ねる連署《れんしょ》起請文があり、牛玉宝印を貼り継いで後代まで署名と血判を書き継いだ書継《かきつぎ》起請文の形式も多く残されている。

男性役人と異なる点として、第一に文体の違いがある。男性役人の誓詞は楷書《かいしょ》の漢字で書かれるが、女中の誓詞は漢字仮名交じりの草書体《そうしょたい》である。第二に、署名は男性役人に比べて小さいものが多く、血判も小さい。『徳川「大奥」事典』によれば、江戸城大奥女中の誓詞の血判は、右の薬指を小刀で切って上血を絞り取り、二番目の血を小刀の先に付けて名前の下に付けたとある。だが伊達家の血判は、針先ほどの小さな痕跡であり、小刀は使用していないとみられる。配膳・給仕や器物の管理に従事する仕事柄、採血には指先の損傷をなるべく避ける方法が採られたのだろう。

誓詞の中身

誓詞の前書には役職の任務を遂行するうえで遵守すべき条項を記している。つまり服務規程にあたる。寛保元年（一七四一）三月十九日、五代吉村夫妻に老女として仕えた音羽・菅野・浜野の三人が提出した最古の起請文をみてみよう。次のような四ヵ条からなる。

一条目は、「御かみ」（当主夫妻）のためとなることを大切にし、奉公を粗略にせず、少しも後ろ暗いことをしないこと。命じられたことはもちろん、奥方の御用やお子様のことも大切に心得て勤めること。御用のほかは、いっさい関わらないこと。

二条目は、主人のためとなると思うことは遠慮なく申し上げること。ただし我儘《わがまま》に無理を押し通さないこと。召使う女中についてお尋ねの節は、たとえ同役や親類であっても隠し立てせずに正直に申上げること。

三条目は、御部屋方（吉村の側妻）に対する勤めは諸事念を入れ、如才なくいたすこと。勤め方や功績のよろしくないことは意見を申すこと。かりそめにも欲張ったことを自分の都合で御部屋方の御側近く召使われる女中へ少しも行わないこと。役職の者たちに十分に言い含めて、同役が和談して勤めるようにすること。

四条目は、御家の御作法に少しも背くことなく、日頃から大酒をせず、身を慎み、取り乱さないように努めること。御留守居・御衣装師をはじめ御用がある者を奥へ通す際は、私的な接待などはいっさいしないこと。もっとも、宿下《やどお》りの節も慎み深くして妄《みだ》りがましいことのないようにすること。定まった宿へ下《さが》る際に、もし必要があって関わらなければならないことが生じた際は、連絡を差し上げて指図を受けて行い、勝手な判断で行ってはならないこと。

以上、老女が誓約した四ヵ条は、当家に対する忠勤の具体的な内容を記し、また女中組織を統括する老女の責務のありようや自重に触れたものであるが、注目したいのは二条目

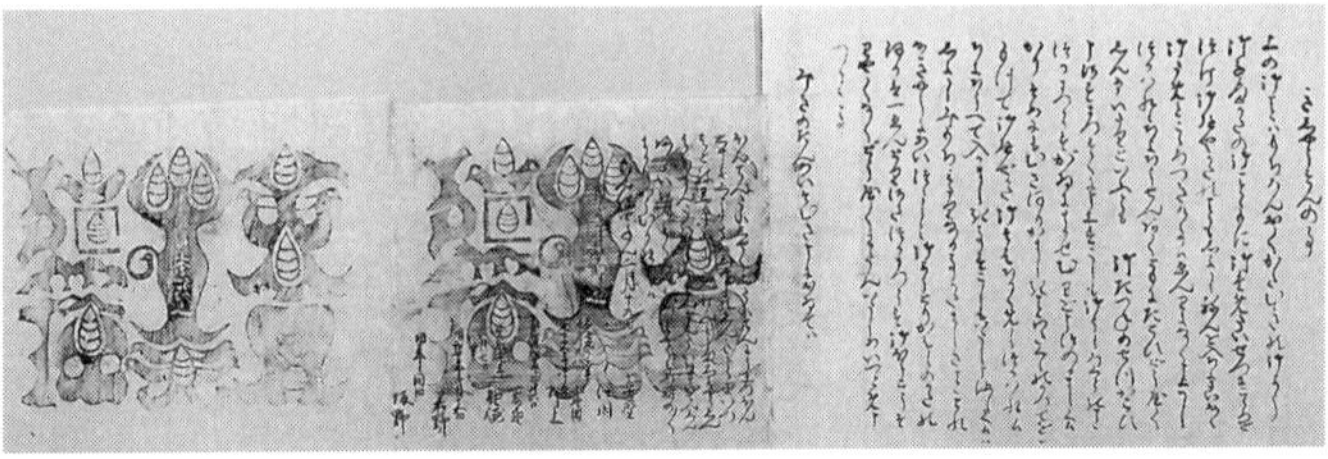

図４　老女の誓詞（仙台市博物館所蔵）

の冒頭である。原文には「御ためとこゝろつき候ハヽ、ゐんりよつかまつらす申上へく候」とある。図４は、三年後の寛保四年（一七四四）二月十九日、七代宗村の時代に仙台城「中奥」の老女に就任した菅野・江川（絵川）が連名で提出し、その後明和七年（一七七〇）四月十五日の若野・坂野まで、老女八人が署名と血判を書き継いだ誓詞である（伊達家寄贈文化財古記録二三—二二）。ここにも同様の文言がある。つまり当主のためになると思うところを存分に述べることは、伊達家の老女の大事な心得として後代に受け継がれたのである。

ちなみに、五代吉村の時代の享保十九年（一七三四）十月三日、評定所《ひょうじょうしょ》への出仕を命じられた但木顕行《ただきあきゆき》・遠藤守信《えんどうもりのぶ》が提出した誓詞の一条目にも、「御為《おんため》に宜《よろし》き儀存《ぎそん》じ寄《よ》り候《そうら》ハ《わば》、愚意《ぐい》を顧《かえり》みず申《もう》し達《たつ》すべく候事《そうろうこと》」と書かれている（「但木顕行・遠藤守信連署起請文」伊達家寄贈文化財古記録二一—一二）。主人のためと思うことを遠慮なく上申することは、奉行と老女ともに定められていたのである。

昇進の規定

「御奥方格式」巻四に戻って、次に昇進に関する規定をみてみよう。役職ごとに職務を説明するなかで、これに触れた部分がある。規定上は役替であるが、「出《でる》」という言葉を使い、上位の役職への異動を説いており、事実上の昇進のルートが示されていることが注目される。表5に基づいてみていこう。

まず、出世の起点は御三之間である。御三之間は凡下宿から召出されるが、御次に上がることがめざされた。呉服之間は「士分」の出自であるので、勤め方次第で、御側向の役職である若キ衆にも、外様向の表使にも上がれるとする。御次は「士分」であるので、勤め方次第で若キ衆に上がることができる。御右筆は、老女の手前御用物を取扱うので、将来は表使が勤まるように心がけるべきで、また若キ衆を命じられても早速御用に立つように心がけるものとされた。つまり御右筆に上がると、御側向と外様向の双方に昇進の道が開かれたのである。御錠口番は、将来的に表使、さらに上位の若年寄を勤めるための努力を求められた。表使は将来、若年寄をめざすものとされている。若年寄は当然ながら老女へ上がる心がけを必要とされた。なお、御側向の役職である御中臈・若キ衆・御小姓については昇進に触れた記載はない。

以上、役職ごとに昇進の目標が定められていたが、「御奥方格式」が出された一八世紀末は、多くの問題を抱えていた。巻六には「表使・御錠口番・御右筆・御次・御三之間平常心掛之事」と題して、この点に言及し、改善の措置が示されている。まず、御中臈が若年寄へ上がるのは順当なコースであるとし、若キ衆が御中臈を経ずに若年寄に上がるのは稀であるが、近年は御中臈を務めずに若年寄に昇る若キ衆がいるという。表使と御錠口番は、役は軽いが「年ハいおとな《（年配大人）》役」であるので、すぐに若年寄に上がれるはずであるのに、近年は諸格式などを役人のように心得なくなったので、長くこの職にとどまり、若年寄などの御用に立たなくなっている。また御右筆と御次も、一定年数を勤めて側向（若キ衆・中臈）へ昇進できるはずであるが、近来そうした昇進の例がないという。外様向の役職であるため、どれほど勤めても側向への昇進はないと心得違いをして、身持ちなどを取り崩し、自ら側向へも表使にもなれなくなっており、これを改めるべきだと述べている。さらに御三之間から御右筆・御次への昇進は、身分が「凡下宿より士」になることなので、一段と難しい条件があるが、同じ外様向の勤めであるので、昇進を思い心がけることにより可能であり、御右筆・御次に昇進した後に随分と御用に立つとする。

　こうして、凡下の出自であっても上位の役職へ昇進する可能性が説かれたのであるが、さらに重要な点がこの後に述べられている。御用に立つ者は、御三之間から表使・御側を経て、それより若年寄、さらに老女への取り立てもあるとする点である。器量や人柄次第で取り立てるので、凡下より老女まで出世しても問題はなく、実際に御三之間、または最下層の御末頭から老女まで出世を遂げた前例があり、吟味の上で人柄のよい者を取り立てるので、これを間違いなく心得るようにとされた。

この指針は老女が承知した上で、該当の者たちへ常時心がけるよう伝えることが命じられている。つまり天明七年（一七八七）当時は、昇進に関心を示さず、あるいは諦めている者が少なからず見受けられ、この現状を打破するために器量、すなわち仕事の能力と、人柄すなわち性格や仕事への意欲を評価の対象として、役職の下位から頂点の老女まで昇り詰める出世の可能性が明示されたのである。

家柄により役職や昇進がほぼ固定化されていた男性役人と異なり、奥女中は出自の家を離れて、個人としてその身一代限りで奉公する。よってその昇進人事は、当人の意欲と実力、さらに役職によって身につけた仕事の能力こそが評価の基準となったのである。伊達家では凡下の身分で御三之間から上の役職に昇った者がおり、さらに末端の御末頭からトップの老女まで出世した前例があった。また昇進ルートは、側系列と役女系列で分かれるものではなく、双方の経験を積んで若年寄に昇進し、そして老女へ昇ることがめざされた。老女とこれを補佐する若年寄は、奥方の運営全体を取り仕切る役柄からして、側系列と役女系列の双方の職歴を必須とされたのである。

伊達家で実際に下位の役職から老女に昇進した例を史料では確認できないが、山形水野家《みずのけ》・尾張徳川家・鳥取池田家などで検証された成果があるので、紹介したい。

老女への昇進

尾張徳川家について畑尚子氏は、貞慎院《ていしんいん》（一二代斉荘《なりたか》御簾中猶姫《ごれんちゅうゆうひめ》）付女中をとりあげ、実家の田安家《たやすけ》から引き移った後の経歴を明らかにしている〔畑二〇〇九〕。老女（御年寄）に昇進した四人についてみてみると、藤江は、寛政九年（一七九七）に一五歳でお目見え以下の役職である御三之間に採用後、包姫付御次、御簾中貞子付御次助、御次を経て、貞慎院付に配置換えとなり、御中臈→御中臈頭→若年寄と昇り、老女へ昇進した。勤続五〇年目の弘化三年（一八四六）に六四歳で死去している。園井は、文化九年（一八一二）に一六歳で貞慎院付御三之間に採用され、御次→御中臈見習→御中臈→若年寄格→若年寄と昇って、老女に取立てられた。勤続四九年目の万延元年（一八六〇）に隠居している。染川は、文化十四年（一八一七）に一五歳で田安御簾中貞子付御次に採用後、御中臈助、御中臈を経て、貞慎院付となり御中臈→若年寄→老女と昇進した。勤続五一年目の慶応三年（一八六七）に六五歳で隠居している。嶋浦は、文政十三年（一八三〇）に一五歳で貞慎院付呉服之間に採用後、御前詰→御中臈助→御中臈→若年寄→老女と昇進し、勤続四三年目の明治五年（一八七二）に五三歳で解雇となった。いずれも一〇代で採用され、御三之間・呉服之間・御次を振り出しに、配置換えを経験しながら、側方・役女の双方の役職の経験を積み、キャリアを重ねて、老女に取立てられたのである。当家に四〇年、ないしそれ以上、継続して奉公した年功の要素もみておく必要がある。

最下層の役職から老女に昇り詰めるのは稀な例といえるが、鳥取池田家一〇代斉稷・一一代斉訓に老女として仕えた志保田（米田から改名）は、これに該当する。苗字を名乗らない下級武士の出自であったことから、職階最下層の御半下で採用されたが、出仕から九年目に中居となり、台子（内々の召し上がり物を調整する役職）を経て、二一年目にお目見え以上の御次に昇進した。その後、二七年目に表使、三六年目に御中老、三九年目に若年寄となり、勤続四九年目の天保十一年（一八四〇）に老女に抜擢された。翌天保十二年、斉訓の死亡により、棺に付添い帰国して剃髪し、その翌年に死去した〔鳥取県立博物館二〇〇六、谷口二〇一四〕。池田家ではお目見え以下から、お目見え以上の老女・若年寄などに昇進した例がほかに六例確認されている〔福田二〇一八〕。

昇進を可能にした制度整備

奥女中に役職の階梯を個人の力で上がっていく昇進の道が開かれたことは、江戸後期に「奥奉公出世双六」（図5）など多色刷りの絵双六に題材としてとりあげられているように、江戸市中の人々の関心を呼び起こしていた。経験と能力により職階を上り昇進するシステムは江戸時代中期以降、奥女中の

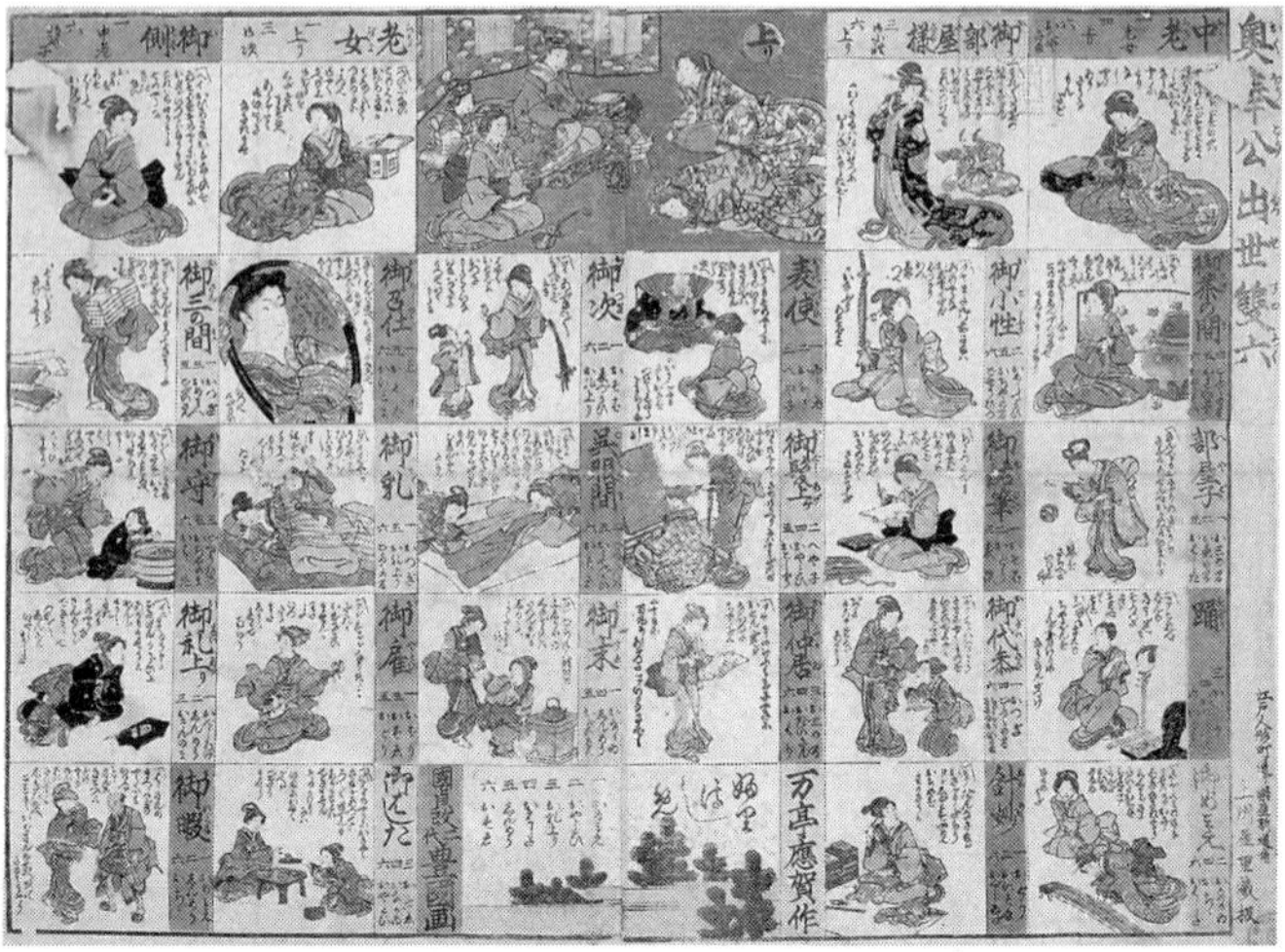

図5　「奥奉公出世双六」（国立国会図書館所蔵）

職制が整備される過程で生まれた転換であったことが重要である。これについては石田俊氏が、「老女制の成立」という観点と合わせて指摘するところでもある〔石田二〇二一B〕。

石田氏は、萩藩毛利家《もうりけ》の女中組織をとりあげ、一八世紀前半から半ばにかけて上臈・介添が不在となり、さらに局が老女に組み込まれて、老女の地位が上昇した経緯をたどっている。またこの過程で、側役であった中老の立場が上昇し、老女に次ぐ役女系の女中としての側面が加わり、中老から老女へ出世する道が開かれたと指摘する。主人と人格的繋がりの強い乳母上りの局を中心とした従来の職制から、役職の階梯を昇り老女となる職制へと転換し、「客観的な「身上がり」ルート」が整備されたのである。

一八世紀半ば以降も、家臣の娘や母などが、当主の子女の養育を担う役割で、中老や老女に任用された例はある。鳥取池田家では、後に五代藩主となる重寛《しげのぶ》の誕生の折に、奥に紀伊徳川家出身の女中が多かったため、池田家の出身の者も側近くに置きたいという四代宗泰《むねやす》の意向を受けて、和田次郎九郎《わだじろうくろう》母が老女に抜擢された例などがある〔谷口二〇一四〕。一方で、池田家の女中職制に昇進のシステムが根付き、これによって出世を遂げる女中が少なからず登場していたことは、前述した通りである。

懲戒の規則

続いて、懲戒処分に関する規定を伊達家の「御奥方格式」によってみておこう。「お咎メ之事」と題して規則を定めている。重罪を犯した者への処分については、その都度、奥老と、表向の渉外担当である公義使《こうぎし》（他藩の留守居に相当）などが吟味した上で、奉行衆（他藩の家老に相当）が取り扱うものとされた。また、他家の家中の者で重い不調法がある場合は、先方の当主へ掛け合い、当人を貰い受けた上で処分を言い渡すが、先方がこれに応じない場合は、相応の仕置きとするよう進言した上で先方に引き渡す。これは正妻付の女中が問題を起こした際の対処を示したことになる。

注目されるのは、「御奥方一通」として、奥方が処罰を下す場合の基準が定められたことである。それは、家風に合わない仕事ぶりがみられ、我儘・不敬・不法などをはじめ事情があって召使うことが難しい者に対する処分である。その者は「永之御暇」となり、つまり解雇されるのであるが、それだけでなく、伊達家の親類方や由緒柄の方への奉公を禁じた。こうした例は以前、公家の息女である上臈らにあったという。すべて罪科の申し渡しなどは、これまで老女・若年寄・表使が取り扱ってきた通りでよいとされた。つまり処罰の判断は従来から、老女を中心に若年寄・表使に権限が与えられていたことになる。

仙台城「中奥」女中については、他に奉公する場所はないので、生涯縁組を禁じるか、または期間を定めて縁組を止める処分を定めている。凡下の出自の女中には牢舎などを科すこともあるが、牢舎は表向の扱いとなり、奉行衆が詮議を担当する。縁組を留める処分については、老女が担当し奉行衆に届け出るだけでよいとされた。

一方、「軽き不調法」によって暇を出す場合もあるが、その者には、江戸・仙台ともに部屋で三〇〜五〇日の謹慎をさせた上で暇を申し渡す。「当座軽き不調法」の者については、謹慎もしくは「自分遠慮」（みずから謹慎する）などの処分とするが、その日数は不調法の程度により定める。また、謹慎以上の処分となる者は、赦免後もすぐに御用を勤めさせず、新参見習と同様に御茶之間に出仕させ、その後に勤務に戻す。「自分遠慮」の者は赦免後に早速、平常の勤務に戻してよいとされた。

さらに、御走太（御半下）など最下層の女中が軽い盗みに准じた罪を犯した場合は、従来通り老女の指図で表使が取り扱うものとされた。

要は、奥方で処分が下される過失の対象は、女中としての勤務に怠慢が認められた者である。これを判断して処分を申し渡すのは、老女・若年寄・表使の役目とされてきたのであり、日頃女中組織の全体を管理する立場に基づくものであろう。女中組織に自律的な権限が与えられる一方、老女を中心に役人とされた若年寄・表使による日頃の監督責任の重さが明らかである。

不調法や不祥事が確認され、懲戒解雇する者に対して、伊達家に関係する家筋への再就職を認めないのは、伊達家が下した処分に権限を持たせるためであろう。婚姻の禁止や一定期間の停止は、妻となることが女性の人生を保障していた時代にあって、女性に対する厳罰として意味を持った。

軽い不調法や当座の不調法への処分を含めて、懲罰を明確化したねらいは、一八世紀後期に女中の勤務の弛緩が顕在化していた背景から考えられる。厳罰主義で対処することで勤務の覚悟を持たせようとしたものだろう。

給与と待遇

女中の給与

奥女中の給与は、江戸時代中期には役職ごとに定められている。大名家により異なるが、基本は年俸の給金・切米《きりまい》などと、女中および女中が自室で雇う召使の食料となる扶持が支給されるほか、月ごとに菜銀や薪《まき》・炭・水油・味噌・塩の現物や代金などが支給された。側向の女中には衣装代が別に与えられる場合もある。仙台藩伊達家の女中の給与は、老女については一八世紀半ば以降、二〇両五人扶持が基本である。これを現在の生活感覚にあてはめれば、一両を一〇万円、一人扶持（一石八斗）を一五万円として基本給が約二八〇万円ほど、さらに後述の諸手当がつき、月々の衣食住の費用もかからないというところであろうか。大名家によって同じ役職でも仕える主人（当主付・正妻付・子女付・隠居付）により給与体系が異なったり、勤務年数で異なる場合もある。

なお、扶持は通常一人扶持が一日五合であるが、一日三合の「女扶持」とされた大名家もある。

表8は、江戸時代後期から幕末にかけて、津山藩松平家・彦根藩井伊家《いいけ》・弘前藩津軽《つがる》家《け》・松江藩松平家・熊本藩細川家《ほそかわけ》で、年俸に当たる給金と扶持をまとめたものである。おおよその傾向をつかめるものとしてみておきたい。まず、同じ大名家で時代により変化が大きいことが、妻鹿淳子氏により津山藩松平家を例として検証されている〔妻鹿二〇一八〕。享保七年（一七二二）・文化十三年（一八一六）・元治二年（一八六五）の三つの時期を比較すると、とくに上位の役職である年寄（老女）・中老は時代が下るにつれて減額の度合いが増しており、年寄は幕末の元治二年には享保七年の半分以下の七両となっている。御側以下はほぼ変化はなく、下級女中の中居・半下（御末）は増加している。下級女中の低額の給与は減らすわけにはゆかず、上位の女中の給与を抑えざるを得なかったと指摘されている。

年代の幅があることをひとまず措《お》いて、五つの大名家で主な役職の給与を比較してみよう。概していえることは、役職ごとの格差が大きいことである。これを大名家で比べてみると、お目見え以上の振り出しの職である御次では、四両（津山松平）から七両二分（熊本細川）までの幅があり、中老では六両（津山松平の元治二年）から一五両（弘前津軽）ま

井伊家	弘前藩津軽家			松江藩松平家			熊本藩細川家		
(1764)	文化9年(1812)			文久3年(1863)			元治2年(1865)		
扶持	職名	給金	扶持	職名	給金	扶持	職名	給金	扶持
3人半・3人	老女	20両	4人	老女	17両	女3人	老女	19両2分	女3人
							若年寄	15両	女3人
							中臈頭	10両	女3人
2人	中老	15両	3人	中老	10両	女3人	中臈	9両	女2人
	小姓	12両	2人				小姓	8両	女2人
2人・1人半	側女中	12両	2人	側女中	8両	女2人			
1人	御次	7両	2人	御次	5両	女1人半	御次	7両2分	女2人
							御三ノ間	6両	女2人
半	中居	4両	1人	中居	3両	女1人	仲居	4両2分	女1人半
半	半下	3両	1人	末	2両	女1人	半下	3両	女1人半

で、老女は七両（津山松平の元治二年）から二〇両（弘前津軽）までの幅がある。全体的に職階の中位よりも上位、すなわち中老、さらに老女の給与に大名間の差異が大きい。

お目見え以下の役職を比べると、中居は二両二歩（津山松平の享保七年・彦根井伊）から五両（津山松平の元治二年）まで、最下層の半下は一両二歩（津山松平の享保七年）から三両（弘前津軽・熊本細川）までの幅があるが、中位・上位の職階に比べると大名家ごとの違いは小さい。配膳など下働きに従事する中居や、掃除や水汲みなど雑用を担当する半下などは、他家に比べて低額に過ぎると募集に影響するからであろう。

表８　奥女中の給金

	津山藩松平家						彦根藩	
	享保７年(1722)		文化13年(1816)		元治２年(1865)		明和元年	
職　名	給金	扶持	給金	扶持	給金	扶持	職名	切扶金
年　寄	15～10両	5～3人	10両	３人	７両	３人	年寄	15両・12両
中　老	８両	３人	７両	４人	６両	２人	中老	10両
御　側	６～５両	3～2人	５両	２人	５両	２人	側	10両・７両
表　使	５両２分	２人			５両	２人		
御　次	４～３両	２人	４両	２人	４両	２人	御次	５両
中　居	２両２分	１人			５両	２人	中居	２両２分
半下(御末)	１両２分	１人	３両	１人半	2両1分	１人	末	２両

出典：妻鹿2018・福田2018・『御用格（寛政本）』下・石田2021A・長野2003.

ちなみに江戸城大奥女中の給与は、将軍付で最高位の御年寄が年間切米五〇石・合力金六〇両・一〇人扶持で、最下層の御半下でも切米四石・合力金二両であり〔福田二〇二一〕、大名家と破格の違いがある。御三家も諸大名家より格段に高く、紀伊徳川家で一九世紀前期の「御本家女中」（当主付）の給与は、大上臈と老女四人が切米四〇石・合力金二〇両・五人扶持、御中臈五人は切米金二〇両・合力金一〇両・三人扶持、御次は切米金一五両・三人扶持で、最下層の御半下一五人は切米金五両・一人扶持である〔山下二〇二二〕。

藩士の娘は給与を所与の条件として受け入れていただろう。一方、旗本《はたもと》・御家人《ごけにん》の娘は奉公先を選ぶ基準として、給与を比較していたのではないだろうか。

奥女中には年俸に加えて種々の手当が給付されていた。参勤交代に随従する者には支度金が支給される。上臈や老女のうち御城使を務める者へは役料が支給された。これについては後述する。

臨時手当など

中元や歳暮には、ボーナスに相当する「拝領」がある。伊達家で天保十二年（一八四一）十二月二十五日、全女中に対して歳暮の祝儀が支給されたが、老女の篠原・多仲・亀尾・音羽・絵川は金三〇〇疋ずつ、若年寄の園尾は金二〇〇疋、御中臈より若キ衆まで八人は南鐐《なんりょう》三片ずつ、御右筆の松尾以下、御錠口番まで七人は南鐐三片ずつ、御三之間るん（人名）をはじめ一一人は合わせて金一〇〇〇疋であった。真明院《しんめいいん》（一一代斉義《なりよし》正妻）付、天性院《てんしょういん》（一〇代斉宗《なりむね》側妻）付の女中への支給もあり、すべて役職ごとに同一の金額である。これとは別に、用務に基づいた追加手当があり、御城使を務めた老女の絵川に三両三歩、歌の相手をした老女の多仲へ同二〇〇疋、手習いの相手をした老女の篠原へ同三〇〇疋、琴の相手をした琴江（役職不明）へ同一〇〇疋、書物の相手をしたるせ（役職不明）には同一〇〇疋などが加えられている（「栄心院様　天保十二年十二月小御記録」）。

このほか重い用務や看病などに携わった者に対しても、その都度精勤や慰労の名目で金品が下賜されることがある。

給与の削減

一方、女中の給与は藩財政の影響が及んで引き下げられることもあった。なかでも国元の不作や飢饉時には大幅な削減を強いられたが、これは男性役人と同様の処遇である。盛岡藩南部家は元禄七年（一六九四）五月十二日、国元で不作を理由に「御《ご》勘《かん》略《りゃく》諸《しょ》事《じ》減《げん》少《しょう》」の方針を定め、女中の扶持の一部を召上げた（『盛岡藩家老席日記　雑書』六）。扶持は女中が召抱える者に対して支給される食料代であるので、扶持の削減はつまり女中たちが召抱の人数の削減を命じられたことになる。一八人の女中に対して、五人扶持（津《つ》島《しま》弥《や》吉《きち》女房おいち一人）・三人扶持（岡《おか》田《だ》金《きん》弥《や》母ほか一人）・二人扶持（てんほか六人）・一人扶持（こゑんほか七人）の召上げを定めている。妙貞と名乗る女中には扶持ではなく、五駄を召上げているが、一駄は米二俵であるので、給与のうち米一〇俵分が減額されたのである。なお、右の女中たちに役職名がみえないが、盛岡城の奥向奥方である「御末《おすえ》」に職制が整うのは、享保十八年（一七三三）六月である。「御末」に「重立《おもだち》候者《そうろうもの》」がいないことから、漆《うるし》戸《ど》堪《かん》左《ざ》衛《え》門《もん》妹お浦、漆戸主膳《しゅぜん》妹お彌《いよ》の二人が「女中司」に任じられ、それぞれ「おうら殿」「おいよ殿」と「殿付《とのづき》」の待遇を与えられた。「女中司」の設置は七月二十五日に表向の役人に披露されている（『盛岡藩家老席日記　雑書』一五）。

南部家では江戸時代後期の天保飢饉の折にも女中の給与の大幅な削減が行われた。天保四年（一八三三）秋の大凶作から長く深刻な飢饉が続いたが、天保八年一月二十六日、前年の凶作を事由に藩主の帰国に随従する「御供下り」の女中に対する給金と四季施の支給が見直されたのである。大年寄から表使までは給金・四季施すべてを不払とし、御次以下、御中居までは半額の支給とされた。「大奥女中前」（江戸上屋敷の奥方に残る女中と思われる）については、大年寄から御次までは半額の支給、御中居以下、御末までの下級女中には全額の支給が通達された。津山藩と同様に、低額である下級女中の給与は削減できないとする判断がなされたのだろう。

それから二ヵ月後の三月三十日に、「大奥惣女中」は「御差支《おさしつかえ》之《の》旨奉恐察《むねきようさつたてまつる》」として、給金と四季施を頂戴しない旨を申し上げるという行動に出た。これに対して、当年秋までの「半金御借上」とする御沙汰が納戸役から申し渡されている（『盛岡藩家老席日記 雑書』四八）。つまり女中たちは総意で、無給で一年働く覚悟を示し、藩は全役職に対して、当年の秋まで半額の借上げとすることに変更したのである。女中たちは、家臣の一員として忠誠心を示すパフォーマンスを繰り広げながら、全員が半年間、給与の半額を確保したことになる。女中たちがどのように結束して合意形成をしたものか、経緯が知られる史料の発見が待たれる。

主従関係のもとに任務に就き、俸禄を得る者として、奥女中は男性役人と並ぶ家来の身分である。伊達家の「御奥方格式」には「表《おもて》之《の》役々《やくやく》江《え》奥役《おくやく》之《の》身分《みぶん》相当《そうとう》之《の》事《こと》」と題して、奥女中の役職を男性家臣と対応させた規定がある。表5の右端にこれを示した。

表向の役職との対照

最上位の大上臈は、身分としては御一家、または奉行同様と位置付けられている。勤方は、表向とすべて対応せず、政事は取り扱わないことで御一門衆御家老などに近く、配膳や酌などを務める点は刀番に近いが、一向に対応しないとある。老女は、番頭《ばんがしら》以上の身分とされ、勤方は奉行に相当する。配膳などそのほかすべて対応するという。若年寄は、御召出以上詰所以上で、老女と同様に番頭格まで引き上げて相当する身分とされた。勤方は、若年寄・小姓頭に相当するが、膳方・給仕をはじめ刀番や〆り役も兼ねるので、表役に対応しないとする。以下、身分の対応を提示しながら、勤方は表向に比べて役職数が少ないので対応が困難とされている役職が多い。全体として「外様向」の系列は対照させやすいようで、表使は目付《めつけ》に相当し、諸役本〆《しょやくもとじめ》・御徒《おかち》目付まで兼帯であること、御右筆は同じく右筆と頭立物書《かしらだちものかき》兼帯という相当役が示されている。

奥女中と表向の役人は実際のところ、勤務の中身に大きな違いがあり、役職数も奥女中は表向よりはるかに少ない。それでも両者の役列を対応させる規定が作成されたのは、儀礼において挨拶を行う際の畳目《たたみめ》（何枚目の畳に座るか）を合わせるなど、格式を定める上で必要とされたからである。この点については次章でとりあげる。

男性役人との連携

ここまで、女中の役職に焦点を絞り奥方の運営を見渡してきたが、奥方の広敷向に勤務し事務や警備を担当した男性役人との関係にも触れておこう。子女の養育・教育や、正妻の学びや趣味の相手（筆の手本の用意、講釈など）などは、奥女中と男性役人の双方で担われたことがわかっている。錠口の内と外で連絡を取り合い、用件を取次ぐことも日常的な任務として重要であった。伊達家で天保十二年（一八四二）七月に一二代斉邦《なりくに》が病床に就いたときの奥女中と男性家臣の連携の様子を、広敷向役人が書いた日記によってみてみよう（「御前様　天保十二年七月小御記録」）。

斉邦は上屋敷の表殿舎の奥に位置する奥向表方で病床に就き、七月初旬に重篤な状態となり、同二十四日未明にみまかった。斉邦を看病し看取ったのは、御小姓を中心とする男性の側役である。この間の正妻徽子《のりこ》の行動をみると、七月九日に餅菓子一重（重箱一つ）と生花一桶を真明院（一一代斉義正妻）とともに見舞いの品として持ち、斉邦のもとを訪ねている。徽子が斉邦を直接見舞ったのは、七月中はこの一度限りである。これより先の同月四日には菓子を、同十五日は守札を見舞いの品として、いずれも錠口から送り届けた。錠口を介した取次ぎは、他の記事からして、表方との境にある廊下の錠口まで老女が運び、錠口で斉邦付の御小姓が受け取り、斉邦のもとに運んだものとみられる。二十一日に将軍家から伊達家に見舞いの上使《じょうし》（奏者番久世広周《そうじゃばんくぜひろちか》）が訪れると、世子の慶寿《よしひさ》（一三代慶邦《よしくに》）が斉邦の名代役を無事に勤めたが、これを徽子が斉邦に報せ、合わせて容体を確認する使者となったのは、広敷向を統括する奥老（奥年寄）である。七月二十四日未明に、斉邦の死亡が錠口から御小姓頭を通して老女に伝えられ、老女が徽子に報せた。その後、表向の奉行二人（遠藤元良《えんどうもとなが》・石田寛直《いしだひろなお》）が奥方の広敷向に出向いて、奥老を介して正式に徽子に報告した。これを受けて徽子は、錠口より斉邦の霊前に折箱一つの供え物を届けた。二十六日に奉行から入棺を終えた報せを受けると、みずから霊前へ出向いて折箱一つを供え、焼香をして拝礼している。老女と奥老は連携して、正妻と当主との間を取り継ぐメッセンジャーを務めている。

伊達家の広敷向にはこの当時、奥老（奥年寄）の下に奥方目付・奥方横目《よこめ》・広敷番頭・広敷番の役職があり、ほかに奥方の物品管理に関わり、御酒御家具方御役人・納戸元締・同横目・御道具役などがおり、日記の業務に関わり御帳付御記録《おちょうづきおきろく》・奥老物書が置かれていたことがわかる。

奥女中は単身で家を出て大名屋敷に住み込みで働く仕事である。奉公中は長く親元に帰ることはできないが、親を呼び寄せて面倒をみることを許された例がある。

働きながら親を看る

津山藩松平家で文化二年（一八〇五）十月、六代康乂《やすはる》実母の瑞松院《ずいしょういん》に側女中として仕えていた利津《りつ》は、七代斉孝《なりたか》から、日頃の深切な勤めぶりと、老母への孝心を称揚され、給与とは別に一人扶持を付与され、屋敷内の長屋を貸与されて、老母を養うことを認められた〔妻鹿二〇一八〕。詳細は不明であるが、ことの経緯からすれば、利津の母は老齢となり、介護を必要とする身となりながら、同居して世話をする家族や親族がいなかったのだろう。娘として親の面倒をみたいとする利津の願いと事情を汲んだ瑞松院が、当主の斉孝に願い出て、実現させたことが推測される。利津に長屋が貸与され、一人扶持が支給されたのは、津山藩松平家が利津に対して、母親の扶養と介護を保障する福祉的手立てを施した点で注目される。

長寿化が進行した江戸時代後期は、社会全体で高齢の家族の扶養と介護が問題となり始めた時期である。とりわけ親の介護は、子として親に尽くす孝行の実践行為として人々に説かれ、自覚されてもいた。奥女中として働く利津の場合、老母の面倒をみるための選択肢は、宿下りを願い出るか、介護のための休暇を願い出る、もしくは永の暇を願い出るという、三つがあったはずである。孝心を賞されたことからすれば、利津はすでに何度か老母の世話をするために宿下りを許されていたのだろう。近世中期には多くの藩で、家臣に対して家族の看病・介護のための退勤・休暇の申請を認める「看病断《かんびょうことわり》」も制度化していた〔柳谷二〇一二〕。盛岡藩では一九世紀前期には、家臣だけでなく、奥女中にも「介抱《かいほう》御暇《おいとま》」を認めている（文化十一年「御側雑書」）。ただし、二週間程度の休暇を繰り返し申請するにしても、介護が長期にわたると見込まれる場合は、これで凌げるものではない。

利津は、辞職をせずに勤務を続けたいとする意志があったものとみられる。女中として働きながら親を看ること、仕事と介護を両立させたいとする思いを瑞松院に願い出ていたと考えられる。瑞松院にとって利津は、厚い信頼を置き、勤務を継続させたい女中であったのだろう。現実的な対応を模索した結果が、利津に長屋を貸し与えて、母親の世話をしながら奥方に通うことを認めることとなったのである。

自宅や屋敷内の長屋から通勤する藩士と異なり、奥方に住み込みで働く女中に対して、大名家は、勤務の継続と家族、とりわけ単身で暮らす親の介護との両立を支える必要に迫られていた。よって利津に対する松平家の扱いを例外的な対応とみるのは妥当ではないだろう。奥女中制度が長く続いた背景には、大名家が女中たちの個別の事情に向き合い、働き続ける意思を確認しながら対処を重ねてきた歴史があったことを想定できる。

それでは、育児中の奥女中はどうであったのだろう。どこの大名家にも授乳や保育の役目を担うために、わが子を家に置いて奉公に上がる者がいた。江戸時代中期以降、授乳を担う乳付《ちちづけ》は数年の年季奉公で雇われる者が増えていたが、その途中で宿下りは許されていたのか、わが子の病気に際して家に帰ることは認められていたのか。乳幼児を持つ女中に対する大名家の対応を探る観点を今後の研究に期したい。

行事と交際を支える

行事と作法

奥向の行事　大名家の奥向では、年始・五節句（人日《じんじつ》・上巳《じょうし》・端午《たんご》・七夕《たなばた》・重陽《ちょうよう》）・八朔《はっさく》・歳暮などの年中行事をはじめとして、当主や家族の誕生・成長・賀寿を祝う通過儀礼など、年間を通して数多くの行事・儀式が執り行われる。そうした行事に際して奥女中は、儀式空間を掛物や置物、道具類で装飾し、祝宴の膳部《ぜんぶ》を調え、主人の礼装を準備し、みずからも礼装を着用して、給仕や酌を務める。いくつかの式日には、上《じょう》臈《ろう》・老女《ろうじょ》をはじめ、お目見え以上の身分の者は当主や正妻に謁見して、祝儀を述べる慣わしもあった。

行事をはじめ季節の折々に、大名家の人々は、親族大名などと音信・贈答を中心とする交際を行う。表向・奥向ともに交際は、親族としての関係を維持し家の安定を図るうえで、重要な役割を果たしており、公的・政治的意味合いを帯びるものとなっていた。そうした機能を持つ奥向の交際において、実務を担っていたのは奥女中である。本章では、奥向の行事と交際を支える奥女中の仕事の中身に迫り、その特徴を明らかにしていく。

伊達家の年中行事

伊達《だて》家《け》の奥向で毎年繰り返される年中行事は、一月は年始御礼、七《なな》種《くさ》節句、鏡開き、三月は上巳節句、五月は端午節句、七月は七夕節句、九月は重陽節句、十一月は寒入《かんいり》、十二月は煤払《すすはら》い・節分・歳暮などがある。祝儀はどのように進行していたのか、五節句のうち五月五日に催される端午の模様を、天保十二年（一八四一）についてみてみよう（「御前様　天保十二年五月小御記録」）。当時の当主（屋形《やかた》様《さま》）は一三代斉邦《なりくに》、正妻（御前様《おまえさま》）は徽子《のりこ》（綏姫《まさひめ》・栄心院《えいしんいん》）である。奥女中はこの時期、上臈は不在で、老女が全体を差配する最高位にあった。

この日、正妻の徽子が御休所《ごきゅうしょ》の茵《しとね》（座具）に着座すると、老女が祝儀を述べ、長熨斗《ながのし》（長く伸ばした干鮑《ほしあわび》の身）を差し上げた。次いで、側向担当の女中たちが、一汁三菜、酒初献、吸物、肴、茶漬、粽《ちまき》、お茶、菓子の順に祝いの膳を運び、給仕と酌をした。その後、徽子は真明院《しんめいいん》（一一代斉義《なりよし》正妻蓁子《もとこ》・大御前様《おおおまえさま》）の御休所に入り、この場に当主斉邦・正妻徽子・真明院・御曹司慶寿《よしひさ》（一三代慶邦《よしくに》）の伊達家の家族が揃い、祝いの宴が催された。女中たちは、塗《ぬり》御薄盤《おうすばん》で本膳料理を三の膳まで配膳し、続いて粽や酒を三土器《みつがわらけ》・銚《ちょう》子《し》・捨土器《すてかわらけ》とともに運び入れて、給仕と酌をしている。

祝宴が終わると、御休所において、正妻と奥女中の謁見が行われた。老女をはじめ、若《わか》年寄《どしより》・御《お》中臈《ちゅうろう》・若キ衆・御《お》小姓《こしょう》・表使《おもてづかい》・御《お》錠口番《じょうぐちばん》までの女中がこの場に召出され、老女が代表して祝儀を述べた。続いて、広敷向《ひろしきむき》の役方トップの奥老《おくろう》と医師が召出されて挨拶をし、御意（正妻の言葉）が返された。奥老の配下の広敷番頭・奥方目付《めつけ》などの男性家臣は、御殿向《ごてんむき》入口の錠口から御茶之間へ入り、挨拶を述べた。老女がこれを聞き届けて、御意を伝えている。

当日之御礼

年中行事とは別に毎月催される定例の儀式に「当日之御礼《とうじつのおんれい》」がある。これは当主が江戸在府の年に毎月基本的に三度、朔日《さくじつ》・十五日・二十八日に江戸城に登城し将軍に謁見する「月次御礼《つきなみおんれい》」に合わせて、奥向で行われる儀礼である。当日、御休所の茵に着座した正妻に老女が長熨斗を差し上げ、その後に酒・吸物・肴からなる膳を差し上げる。続いて、広敷向の奥老・広敷番頭・目付など男性家臣が、錠口から御茶之間へ入り、挨拶を述べる。老女がかれらに対面し、正妻の御意を返す取次ぎ役を務めている。

礼装の規則

行事の運営には細かなしきたりがあり、作法が定められている。奥女中はこれらを熟知して準備を調え、立ち居振る舞うことを求められた。礼装の着用はその一つである。伊達家で七代重村《しげむら》の代の天明七年（一七八七）に制定された「御《おん》奥方格式《おくかたかくしき》」には、巻八に「御衣裳附《おいしょうづき》」として、式日の装いの規則を定めている。衣服はその種類（小袿《こうちぎ》・打掛《うちかけ》・帯付《おびつき》）や生地（綸子《りんず》・縮緬《ちりめん》・木綿）、色模様（総模様）など。髪型はすべらかし（鬢《びん》を大きく張り、背の方へ長く垂れ下げる）か、髷《まげ》を結うか、また髢《かもじ》（添え髪）の長さ（長髢《ながかもじ》・中髢《なかかもじ》）など。眉《まゆ》は描く（置眉《おきまゆ》・童眉《わらべまゆ》）か否かなどの区別がある。これらは行事ごとに、身分や役職により細かく差別化されていた。年間を通して最も重要な儀礼であった「年始之御祝儀《ねんしのごしゅうぎ》」の装いをみてみよう。この衣装は正月三日間続けられた。

人物の順序として、姫君様《ひめぎみさま》と呼ばれた当主重村の正妻年子《のぶこ》、順姫様と呼ばれた重村娘の助子《ますこ》、お寛御方《ひろおんかた》と呼ばれた重村側妻の寛（世子斉村《せいしなりむら》生母、喜多山郷子《きたやまさとこ》）に続いて、上臈お喜《き》曽御方《そおんかた》、老女をはじめ、女中に対する規則が役職ごとに示されている。

まず正妻の年子は、規式では小袿を着用し、髪はすべらかしにして、長髢を付ける。眉の記載はないが、伝来する肖像画から置眉（額《ひたい》に墨で眉を描く）をしていたとみてよい。終了後は、綸子の「かいとり」（搔取）すなわち打掛を羽織り、眉を置き、髪は髷を結う。小袿というのは、公家の女性の準礼装とされる垂領《たりくび》（襟《えり》の上前《うわまえ》と下前《したまえ》を斜めにうち合わせる着装）に広袖を持つ衣装である。公家装束で臨んでいたのは、年子が公卿の近衛家《このえけ》の養女であったことによる。規式後のくつろいだ場では髷を結い、綸子の打掛に着替えたのである。

助子は、天明五年二月に一〇歳で宇和島藩《うわじまはん》伊達村寿《むらなが》に嫁いでいるので、「御奥方格式」のうち当巻は、古い記録を用いていたものと考えられる。助子の装いは、規式中は童眉（子どもの描き眉）に綸子の打掛姿である。髪型の記載はないが、終了後は髷である。衣服は綸子の打掛のまま変わらない。婚礼前の当主の娘の年始における共通の礼装とみてよいだろう。

側妻の寛は、規式の最中はすべらかしに長髢を付け、眉を置き、綸子の打掛を羽織る。規式後は髷を結い、置眉をして、同じ綸子の打掛姿である。

奥女中の大上臈「お喜曽御方」、および老女と若年寄の装いは、側妻の寛と同様である。御中臈は、規式中は綸子の打掛を羽織り、置眉をする。髪型は年齢で異なり、三〇歳以上の者は、上臈や老女・若年寄と同様にすべらかしに長髢を付けるが、三〇歳以下の者はすべらかしである。規式後は「ふくさ物かいとり」とあるので、糊《のり》を引かない柔らかい絹地の打掛姿となる。

以上、老女から御中臈までの礼装は、表向で男性家臣が規式中は熨斗目《のしめ》・長裃《ながかみしも》を正装とし、規式後は熨斗目・半裃《はんかみしも》の姿になる決まりに相当するという。熨斗目というのは、腰の辺りに段模様を配した絹地の小袖《こそで》のことで、この上に肩衣《かたぎぬ》と長袴《ながばかま》（裾《すそ》を長く引く袴）を着用するのが長裃である。半裃とは、袴を足首までの長さのものに替えることをいう。

「年始之御祝儀」における礼装は、御中臈に続いて、若キ衆、御小姓、表使、御錠口番、御右筆《ごゆうひつ》の規則が示され、次に御次《おつぎ》・呉服之間《ごふくのま》・御三之間《おさんのま》・中居頭《なかいがしら》のグループ、御茶之間・中居・御末《おすえ》のグループごとに、髪型と眉と衣服にそれぞれ規則があり、違いがある。これをまとめて全体的な特徴を捉えれば、次の二点を指摘できる。

第一に、規式中は正妻が小袿を着用する以外、側妻、および奥女中の上臈以下、御次・呉服之間・御三之間・中居頭のグループまで、揃って打掛を着用し、置眉をすることである。御三之間・中居頭はお目見え以下の身分でありながら、打掛と置眉を決まりとされている点が注目される。ただし打掛には生地に身分と役職上の区別があり、側妻と奥女中の上臈以下、表使までの役職は、綸子を着用する。このうち若キ衆・御小姓・表使については、綸子地を持ち合わせる者がこれを許された。一方、御錠口番、御右筆、および御次・呉服之間・御三之間・中居頭のグループでは、縮緬地に縫取り（刺繍）で総模様をほどこした打掛を羽織るものとされた。また、御次・呉服之間・御三之間・中居頭のグループは、規式の終了後は「着帯付」といって、打掛を脱ぎ、長着と帯だけの姿になる。それぞれ持ち場で働くための姿である。御茶之間・中居・御末のグループの衣服は、規式中も終了後も嶋紋付《しまもんつき》に帯を着用する。なお帯付けは、背中に肩から斜めに「や」の字形に帯を結ぶという特徴がある。

第二に、規式中の髪型は、御錠口番まで、すべらかしである。つまり、この役職まで公家風に装うのを決りとされた。すべらかしに長髢を付けるのは、正妻と側妻、および奥女中のうち上臈以下、御中臈の三〇歳以上までである。御中臈の三〇歳以下の者、およびこれより下の御錠口番までの役職は、髢を付けないか、または中髢が決りである。御右筆以下の役職はすべて髷を結う。規式後は正妻以下、奥方のすべての女性が髷である。

このように正月三日間は、職階の最下層である御末に至るまで、衣装・髪型・眉化粧の細かい規則に従い、礼装を調えるのである。すべての役職が一堂に会することから、細かな区別で参列者の階層が可視化されることになった。

五節句の礼装は、老女については、夏は辻《つじ》（文様のある麻の単衣《ひとえ》）を着用し、置眉をする。冬は綸子地の打掛を羽織り、髪は長髢を規則とされている。最下層の中居・御茶之間・御使番・御末の五節句の礼装は、嶋模様か紋付の着物に帯付けをする。奥女中の全員に礼装を定めている点は「年始之御祝儀」と同様である。このほかの式日は、中居以下では常服とされており、これは規式に参列しないためであろう。

盃を受ける作法

「年始之御祝儀」や五節句、歳暮には、当主・正妻に謁見して、主従固めの儀礼が執り行われる。これには盃の置かれる位置や、挨拶を述べる位置などが、役職によって上段・下段から何畳目という単位で細かく区別されていた。

「御奥方格式」には巻八に「畳目之事《たたみめのこと》」と題して詳細な説明がある。奥方の御対面所の座敷で正妻から固めの盃《さかずき》を受ける際の作法をみてみよう。

大上臈・小上臈は上段の黒縁際《くろべりぎわ》に土師器《かわらけ》（素焼きの飲酒土器）を置き、下段の黒縁際で頂戴する。老女は下段一畳目に土師器を置き、二畳目で頂戴する。若年寄は下段三畳目に土師器を置き、四畳目で頂戴する。御中臈は下段五畳目に土師器を置き、六畳目で頂戴する。若キ衆・御小姓・表使・御錠口番は下段下の閾際《しきいぎわ》に土師器を置き、閾の外で頂戴する。御右筆以下で御流れを頂戴する者は、三之間閾より二畳目へ土師器を置き、三畳目で頂戴する。このように、畳数で序列をつけて主従関係の確認がなされたのである。

なお、男性家臣についても規則がある。奥老が盃を頂戴する際は、下段三畳目に土師器を置き、四畳目で頂戴する。これは老女より一段下の位置となり、若年寄と同じ格付けである。つまり奥方の組織において格式のトップは奥女中の上臈であり、老女がこれに次ぐ格式で、奥老はその下で若年寄に並ぶランクである。

正妻に対して献上を行う作法にも役職ごとに置き場所と礼を述べる位置の決まりがある。お目見えのみが行われる場合は、大上臈・小上臈は下段黒縁際下の三畳目、老女は同四畳目、若年寄は同五畳目、御中臈は三之間の閾際一畳目、若キ衆・御小姓・表使・御錠口番・御右筆以下は二畳目がその位置である。男性家臣についてみると、奉行（他藩の家老に相当する最重職）は大上臈・小上臈と同じく三畳目、若年寄（家臣）は老女と同じく四畳目、番頭以上は若年寄（女中）と同じく五畳目であり、奥老は番頭格として五畳目と定められている。「御奥方格式」に奥女中と男性家臣の役職を対応させる記述があるのは、儀礼における作法を揃えるのに必要であったからであろう。

表向の年中行事に際して行われる藩主と家臣との謁見や盃事、贈答などは、主従関係の確認と更新を行い、家臣相互の家格による序列を確認する儀礼として重要な意味があった〔中川二〇一四〕。奥向の儀礼も基本的に同様の機能を持ち、奥女中とともに、男性家臣についても、広敷向の役人を中心に正妻との主従関係の確認と更新が図られたのである。ただしその作法は、表向では身分や家格が差異化の基準であるのに対して、奥女中は役職の序列により差異化された。出自の家を離れ個人として大名家に仕える奥女中の身分は、役職の序列に表象されたのである。

男性役人と老女の関係

奥向の行事が行われる奥方の御殿向は、錠口の内部に置かれた空間であり、男人禁制が原則である。だが、五月の端午節句には、奥老と医師は御殿向の御休所へ入り、正妻に直接対面して、祝儀を述べる。広敷番頭と奥方目付など、奥老の配下の男性役人は、御殿向の入口にある御茶之間が祝儀を述べる場所である。現存する「奥方日記」で節句の月は端午のほか、天保十二年（一八四二）七月の七夕の記録があるが、奥老と医師はこの日も同様に、御休所で正妻に挨拶をしている。おそらく他の節句の儀式も同様に進行していたことだろう。

ただし、節句で奥老らの挨拶はすべて、老女によって取次がれた。つまり正妻と奥老・医師の間の位置に老女が座り、かれらが発した言葉は、老女が言い換えて正妻に伝えられ、正妻からの言葉は老女を介して返されるのである。老女は奥老より上位の格付にあり、御殿向は老女が取り仕切る女性のジェンダー空間であったからである。

年男、奥方に入る

一方、奥向奥方には男性家臣が参加することで成り立つ行事があった。十二月の節分と、「御煤払御祝儀」である。天保十二年（一八四一）十二月二十二日に催された節分の模様をみてみよう（「栄心院様 天保十二年十二月小御記録」）。この年七月に一二代斉邦が病没し、世子の慶寿（後に慶邦と改名）が跡目を継いでいたが、奥方には斉邦正妻の栄心院（徽子）がその組織を維持したまま居住していた。

栄心院はこの日、御休所の茵に着座し、定例の行事と同様に祝いの膳についた後、同所で慶寿とともに祝儀の酒席についた。その後、「年男《としおとこ》」の高橋民治《たかはしたみじ》（役職は不明）と添男《そえおとこ》の岩淵庄七郎《いわぶちしょうしちろう》（広敷向〆所役人）の二人が、烏帽子《えぼし》に素袍《すおう》（単衣仕立ての直垂《ひたたれ》）の正装で、奥老と奥方目付に伴なわれて錠口から御殿向に入り、御茶之間を通って老女・若年寄・表使に付き添われて、御休所へ入った。ここに魔除けとして焼いた魚の頭を置き、ついで座敷を廻って、大豆を撒いている。終了後に、御茶之間の北の方角に奥老と奥方目付、および年男と添男が着座し、西の方角に若年寄と表使が居並び、老女が栄心院からの下し物として長鮑《ながあわび》と福茶《ふくちゃ》を渡している。

邪気払いの行事である節分の豆撒きは、江戸城大奥では、留守居《るすい》が各所に豆を持って回り、女中がこれを撒くのを恒例とした。恵方《えほう》の場所には豆を「久」の文字に置くのが慣わしであったという〔竹内他二〇一五〕。伊達家の節分では、年男とその添男となる男性家臣が行事の主役である。天保十二年は北と西が恵方の方角であったとわかる。栄心院は無病息災を願う縁起物の福茶を振舞い、一同を労ったのである。

三日後の十二月二十五日に行われた「御煤払御祝儀」も同様に、年男と添男が行事の主役である。七ツ時（午後四時頃）に年男の高橋民治と添男の岩淵庄七郎の二人が、節分と同じく烏帽子に素袍の正装で、奥老と奥方目付とともに錠口から御殿向に入り、休息之間（御休所）の恵方の方角に向かって煤を払い、そのほか御内仏御座敷《ごないぶつおざしき》などを清めている。終了後に奥老と年男は御茶之間に座り、奥方目付と添男はその下座に居並んで、栄心院に代わり老女が出向いて福茶と熨斗を下している。この日御休所では、老女以下、御錠口番までの女中のお目見えの後、奥老と医師のお目見えが行われた。「歳暮御祝儀」もあわせて催されている。

節分と「御煤払御祝儀」はともに、新年を迎える準備として、厄を祓い清めるために行われる年中行事である。煤払いは煤掃《すすはき》とも呼ばれ、初代藩主政宗の時代には、二四〜二五頁に記したように、実質的に奥方の大掃除が行われる日となり、一年で溜まった煤や埃《ほこり》を男性の職人と家臣とで終日かけて払い落し、畳替えまで完了させたが、女性たちはその間、家臣が退去した表向の座敷を開放され、宴会を催して過ごしていた。煤掃がその後、担当を年男に限定して行う儀礼に変化した経緯は不明である。

ともあれ、江戸時代後期には、奥向の年中行事に際して、年男は欠かせない存在であり、奥老と奥方目付が年男に付き添うことで女性のジェンダー空間の管理に責務を負う体制が採られ、行事が終了した。歳神《としがみ》を祀る年頭の行事なども同様の作法で行われたものとみられる。

文通を担う

大名家の交際

大名家の交際は表向と奥向の双方で行われるが、その方法は、相互の訪問・使者の派遣・文通の三つに大別される。これらは互いの親疎によるだけなく、家の格式によって対面する場所や、取次・使者となる者、書札の礼式が異なるなど、対応の仕方に厳格な格差があった。大名家が幕府との間で石高や江戸城での席次、官位、出自などにより序列化されたシステムが、大名家の親族交際に及ぶものとなり、格式に応じた付き合いが儀礼上の慣行として重んじられることになったのである。

奥向における交際は、年頭・五節句・歳暮の年中行事をはじめとして、各家の家族の通過儀礼、参勤交代（江戸と国元の到着・出立日）、家督相続、官位昇進などの慶事や仏事に際して、音信・贈答が行われる。当主正妻は基本的に相手方を直接訪問することはない。

使者を立てる場合は、表向・奥向の男性家臣が担当するほか、奥女中の上臈や老女が担うこともある。使者となる女中やその用務は、女使《おんなづかい》・女中使《じょちゅうづかい》などと呼ばれていた。

女使の役割

伊達家で女使を介した親族間の交際を確認できるのは、天保十二年（一八四一）の七夕節句の折である。一二代斉邦正妻徽子から井伊家守真院《いいけしゅしんいん》（七代重村娘詮子《あきこ》）のもとへ、祝儀を述べる女使が送られている（「御前様　天保十二年七月小御記録」）。史料上はこの一例しか見出せないが、老女の役割分掌から、親族家と互いに女使を送り合うことは少なくなかったと推察される。笹目涼子氏により、御三卿の一橋家《ひとつばしけ》初代宗尹《むねただ》を中心に、親族交際において女使の果たした役割が詳細に検証されているので、これを紹介したい〔笹目二〇一三〕。

一橋家の初代宗尹は、寛保二年（一七四二）十一月、一条兼香《いちじょうかねよし》の娘で五代将軍徳川綱吉《つなよし》の養女養仙院の養女となった俊姫を正妻に迎えた。これを機に一橋家は、一条家をはじめとして、養仙院の嫁ぎ先である水戸徳川家、養仙院の実家である鷹司家《たかつかさけ》、さらに一条兼香の継室の養家である池田家《いけだけ》との交際を新たに開始する。このうち水戸徳川家との奥向の交際については、事前に幕府老中の指示を仰ぎ、贈答を行う際の使者を宗尹・俊姫ともに女使（表記は女中使）とすることが通達された。宝暦九年（一七五九）には、俊姫の妹である一条兼香娘愛君が紀伊徳川七代宗将《むねのぶ》の継室となる縁組が決まり、ここから紀伊徳川家との奥向の交際が始まり、互いに女使を介した贈答の応酬が行われる。御三家・御三卿の人々の交際相手やその方法は、幕府の方針で定められていたが、奥向相互の交際には女中を使者に立てる方法が採られたのである。

宝暦十二年十二月には、宗尹の娘保姫《やすひめ》が島津重豪《しまづしげひで》のもとに嫁ぎ、島津家との奥向の交際が開始された。重豪の水痘発症、帰国、官位昇進、保姫の元服、出産に関わる儀礼（袖留《そでどめ》・着帯《ちゃくたい》〈安産を祝う儀礼〉・臨月見舞・出産・御七夜《おしちや》・枕直《まくらなおし》）や、保姫の娘の病気と死去、宗尹の病気と死去など、両家の当主と保姫にとって重要な事項と関わって、島津家に音信・贈答の使者として、表向の男性家臣のほか、女使が送られている。ただし女使は、主に宗尹から保姫に対して送られたのが特徴的であるという。たとえば、保姫の着帯祝儀に二種一荷《にしゅいっか》、臨月見舞いには蕎麦切《そばきり》三組、出産祝いには肴《さかな》一折などが、宗尹の女使により、保姫のもとに届けられた。一方、島津家側から使者となったのは、家老・物頭《ものがしら》・用人など男性家臣であり、保姫からの使者の大半も広敷向の御付御用人が務めている。これは将軍家や田安《たやす》家・清水《しみず》家などとの奥向同士の交際のあり方と大きく異なると指摘されている。

女使となる奥女中は訪問した先で、主人から託された挨拶を述べ、贈り物を届けるのが役目である。主人に代わり直接出向いて対顔し、言葉を伝えるという、丁重で親密な対応を体現することにより、両家の関係が深められることになった。女使はこのように、当家と親族家の良好で安定的な関係を維持するうえで、重要な役割を果たしていたのである。

手紙を介した交際、すなわち文通において、奥女中が担った実務はどのようなものであったのか、しきたりや作法を含めて、伊達家で明らかにしてみよう。

伊達家奥向の文通

「御奥方格式」巻五に「御親類様幷御出入之衆其外共御取扱之事」と題して、文通の相手と担当する役職の規則を定めている。表9はこれをまとめたものである。

文通の相手は、伊達家の親類の人々のほか、江戸城大奥老女の高岳《たかおか》、祈禱などで世話になる等持院《とうじいん》など宗教関係者、縁戚の公家の家臣、お目見え身分の医師、町医師などである。最後に伊達家の一門衆・奉行職をはじめ家中を挙げているが、これは行事に際して藩主夫妻に挨拶や献物を行うことを許された人々で、かれらに対して奉書での返信はすべて、老女名で出すのを決まりとされた。

文通相手には「格合」として、上段・中段・下段のランクがある。これに対応して、基本的に上段と中段は老女が、下段は若年寄が実務を担当する。町医師は表使の担当である。上段のうち、等持院以下のグループは「指立候事ハ御直名之御文通ニて宜候得共、只今迄老女中名前ニ而相済候間、其通ニ而宜候」という説明がある。使者を立てて手紙を届ける際には正妻の名前を記してもよいが、従来老女の名前で出してきた慣例に従ってよいとさ

表9 「御奥方格式」に記された女中の文通担当

グループ	文通相手	担当の役職
親類衆	①宝連院（田安徳川家初代宗武正妻），②由婦君，③玄番頭（近江彦根藩井伊直富），④彦根若御前（同直富正妻詮子＝7代重村娘），⑤出羽守（出雲松江藩松平治郷），⑥出雲御前（同治郷正妻方子＝6代宗村娘），⑦遠州奥様（伊予宇和島藩伊達村寿正妻助子＝7代重村娘），⑧山城守（三河刈谷藩土井利徳＝6代宗村男子），⑨山城守奥様（同利徳正妻），⑩左京大夫（一関藩田村村資＝5代吉村孫），⑪栄寿院（同田村村隆正妻）	老　女（若年寄以下の場合もあり）
大奥老女(上段)	高岳	老　女
(上段)	等持院，秋葉満願寺，河野仙寿院，池原長仙院，山添凞春院	老　女
(中段)	上野宝勝院，増上寺良源院，東禅寺宗法院，近衛諸大夫衆，広幡・久我諸大夫衆，京都楽人等	老　女
(下段)	上野妙教院，西東靭負，藪兵庫，光蔵院	若年寄(以前は老女)
御目見医師(下段)	下妻玄忠，馬嶋瑞伯，津田長庵，鈴木宗琨	老女または若年寄
町医師	兼康祐元など	表使，品により若年寄
伊達家内	御一門衆，奉行はじめ家中	老　女

れた。ただし直書《じきしょ》といっても実際は老女が筆を執るのである。

親類衆との文通

親類衆との文通は、基本的に老女が実務を担当する。人数は一一人で、家数でみれば七家である。

表9の③～⑪までの九人は、伊達家五代吉村《よしむら》・六代宗村《むねむら》・七代重村の子女と、その配偶者、および先代の配偶者であり、彦根藩井伊家・松江藩松平家・宇和島藩伊達家・刈谷藩《かりやはん》土井家《どいけ》・一関藩《いちのせきはん》田村家《たむらけ》の人々である。このうち⑩⑪の田村家は、伊達家の内分《うちわけ》大名（分家）でもある。これに対して①の宝連院《ほうれんいん》は、田安徳川家の初代宗武《むねたけ》の正妻で関白近衛家久《いえひさ》の娘通子である。伊達家七代重村正妻年子（観心院《かんしんいん》）は、近衛家久の跡を継いだ内前《うちさき》の養女であったことで、この当時、親類衆の筆頭とされたのだろう。ただし宝連院は天明六年（一七八六）一月に没しており、「御奥方格式」の成立は天明七年前半とみられるので、情報が更新されていなかったことになる。②の由婦君は誰であるのか確認できていないが、「君」の敬称から近衛家の女性かと思われる。

伊達家の表向で、江戸時代後期に親密な交際が行われたとされる大名家は、津山《つやま》松平・徳島蜂須賀《はちすか》・彦根井伊・松江松平・柳川立花《やながわたちばな》・熊本細川《ほそかわ》・岡山池田・鳥取池田・白河《しらかわ》松平・長岡牧野《ながおかまきの》・峰山京極《みねやまきょうごく》・小浜酒井《おばまさかい》・大和郡山柳沢《やまとこおりやまやなぎさわ》・竜野脇坂《たつのわきさか》・宇和島伊達・一関田村・宇和島吉田《よしだ》の一七家である〔齋藤二〇〇四〕。ひろく歴代の子女の縁組先に及んでいるが、「御奥方格式」にみえる文通相手はその三分一ほどであり、二代前までの姻戚と分家に絞られ、近しい関係で親戚付き合いをしていたことになる。

文通を担当する役職

文通は基本的に老女が担当する仕事であるが、下の役職が関わることも認めている。若年寄や御中臈、表使などが内々に、その職務として連絡を取り合うことがあったからである。その際に、①宝連院～⑦宇和島藩伊達村寿正妻助子までの七人は、伊達家が若年寄から手紙を出す場合は相手方も若年寄とし、御中臈・表使・御右筆から出す場合は相手方も御中臈・表使・御右筆とするように、双方の役職を揃えるのが決りである。この規則は今後新たに「通路」、すなわち交際が生じた際に、侍従以上の身分に適用するものとされた。四品（従四位下）の身分には、その家柄により適用する者と、諸大夫《しょだいぶ》の方となる者もいるので、指示を仰ぐことを定めている。表向では一八世紀後期に、諸大名家との交際に関する取り扱いを、侍従・二〇石以上、四位・一〇万石以上、諸大夫以上（万石以上）の三段階の区別を設けており〔齋藤二〇〇四〕、この規則が奥向の文通に適用されたのである。こうして、格式の揃う家同士で行う文通は、担当する女中の役職を揃えることで、双方の対等な関係性が担保されたのである。

一方、⑧刈谷藩士井利徳《としなり》と⑨その正妻、および⑩一関藩田村村資《むらすけ》と先代後家の⑪栄寿院《えいじゆいん》には、伊達家が若年寄から送る場合であっても、老女を宛名としてよく、表使・御右筆から出す場合は、老女を宛名としてはならないとされた。ただし田村家については、「御末《おまつ》家《け》」であるので老女を宛名としてよい場合もあり、これについては伺いを立てるように定めている。親族の末席に置いた田村家との文通は、他家よりも格下の扱いとしている。

老女をはじめ文通を担当する女中たちは、こうした伊達家の親族関係をわきまえ、文面と宛名に細心の注意を払って手紙を作成していたのである。

それでは、老女たちは実際に、どのような作法と段取りで文通の実務を担っていたのだろうか。仙台藩伊達家と一関藩田村家の文通の模様を、田村家側に残る史料に基づいて検証してみよう。

仙台藩伊達家と一関藩田村家の文通

一関藩田村家文書（一関市博物館所蔵）のなかに、同家の老女が伊達家の老女のもとに送った手紙の下書きを書き留めた簿冊が伝来する。文政四年（一八二一）「御本家様御老女江御文通下書」（図6）、文政十二〜十三年「御本家様御老女衆江御文通下書覚帳」、弘化二〜四年（一八四五〜四七）「御本家様御老女衆江御文通下書覚帳」の三冊が残され、合わせて六年間の記録を蓄積している。以下、三冊の簿冊を「文通下書覚帳」と総称する。

一関藩田村家は、伊達家の親類衆の「末家」に位置付けられていた。それは伊達家の領知六二万石のうちから、奥州磐井郡《いわいぐん》三万石を分知して成立した内分大名（仙台藩の支藩）であったからである。伊達家を本家とする分家の家筋として、田村家は伊達家を「御本家

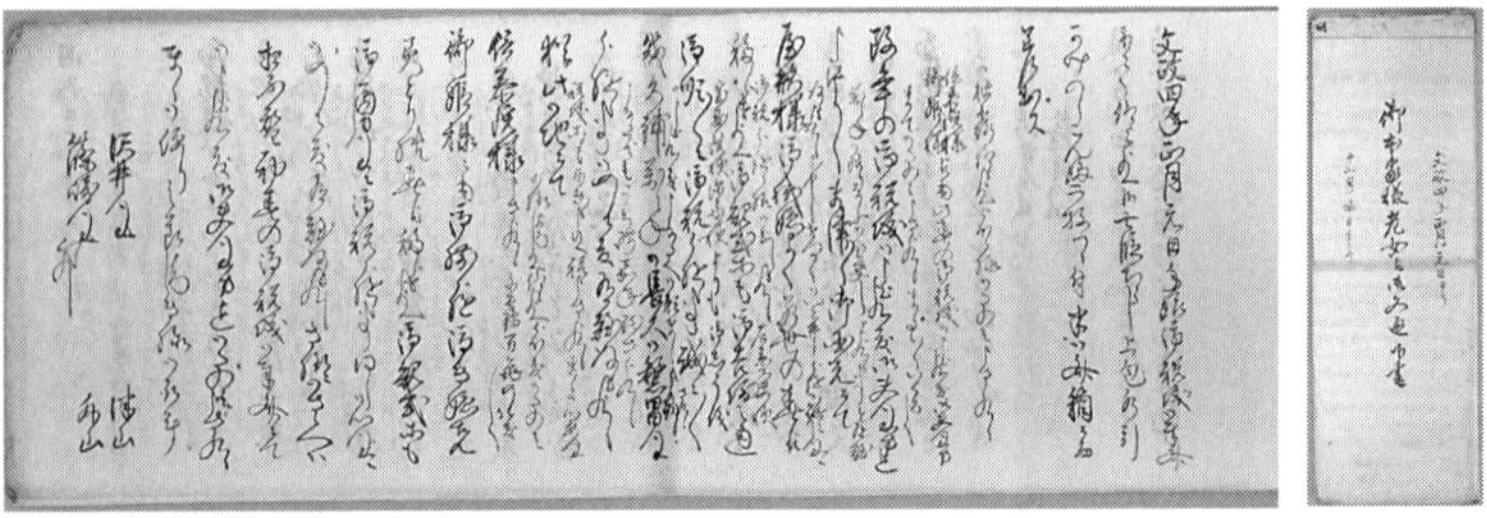

図6　「御本家様老女江御文通下書」（文政4年，一関市博物館所蔵）

様」と呼ぶのが慣わしである。「文通下書覚帳」に登場する、五代村資の正妻琴《こと》（宝寿院《ほうじゅいん》）と六代宗顕《むねあき》正妻鏞《かね》（宣寿院《せんじゅいん》）を中心に、図7に伊達家と田村家の関係図を示した。

田村家五代村資は、伊達家五代吉村の男子村良《むらよし》の子で、伊達家七代重村とは従弟の関係にある。村資の正妻琴（宝寿院）は、播磨竜野藩脇坂家七代安親《やすちか》の娘である。寛政五年（一七九三）三月、村資と琴の間に生まれた鏞は、田村家の嫡女として文化三年（一八〇六）、養嗣子《しし》の宗顕《むねあき》と婚儀を挙げた。宗顕は、伊達家六代宗村の男子で近江堅田《かただ》藩主であった堀田正敦《ほったまさあつ》の二男である。この縁組は、鏞の誕生後一一ヵ月の段階で定められていた。鏞の誕生から五年後の寛政十年三月に生まれた弟吉五郎《きちごろう》は、文政二年（一八一九）五月に伊達家一〇代斉宗《なりむね》の養嗣子となり、一一代当主に就任し、斉義《なりよし》を名乗った。

文通実務の担当

表10は、「文通下書覚帳」が残る文政四年（一八二一）・同十二年・同十三年・

図7　伊達家・田村家関係図

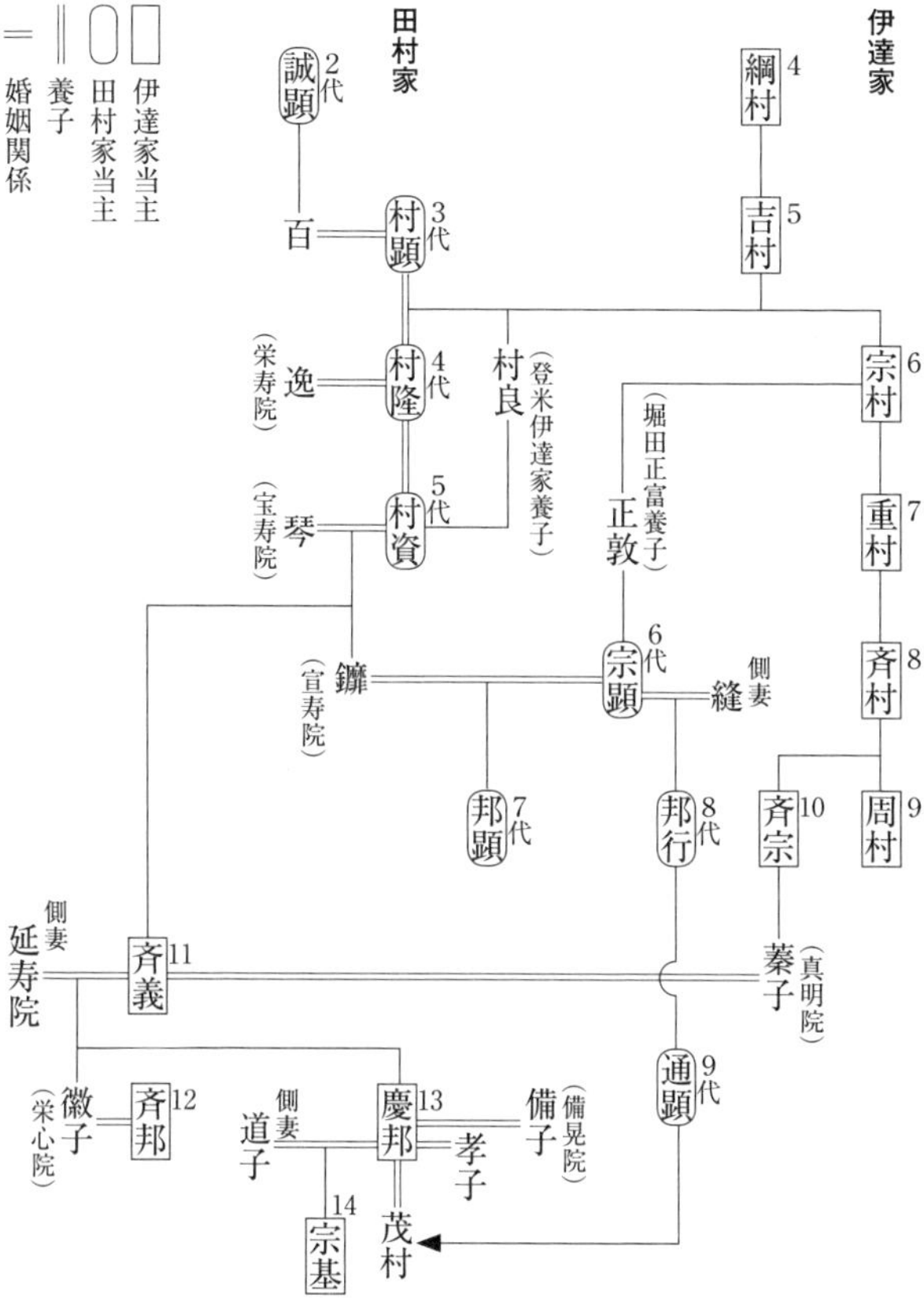

弘化二年（一八四五）・同三年・同四年の年度ごとに、文通の担当者と送られた手紙の日付を示したものである。まずは年度ごとの文通実務の担当者を確認しておこう。

文政四年の田村家の担当は宝寿院付の老女津山と外山である。伊達家一一代斉義付の老女であった沢井と篠崎に宛てて手紙を送っている。斉義の正妻に定められていた蓁子《もとこ》（一〇代斉宗娘芝姫《あつひめ》・真明院《しんめいいん》）は仙台城の「中奥《なかおく》」で養育されており、江戸上屋敷の奥向の主人は斉義であった。文政十二年・同十三年の田村家の担当は宣寿院付の老女外山と滝瀬で、伊達家は一二代斉邦付の老女沢井・篠原・多仲《たなか》の三人である。斉邦の正妻徽子（一一代斉義娘綏姫・栄心院）は仙台城「中奥」で育てられていた。弘化二年の田村家の担当は宣寿院付の老女清瀬と民野で、伊達家は栄心院付の老女多仲（十二月に歌嶋と改名）・亀尾・音羽《おとわ》（十一月に病没）・絵川が担当している。翌弘化三年の田村家の担当は引き続き老女の清瀬と民野であるが、伊達家側は老女の歌嶋・亀尾・絵川・佐山に加えて、九月九日以降、上臈のお千佐と老女の三浦が担当となった。これは同年、伊達家で慶邦の正妻備子《とみこ》（綱姫《つなひめ》）が新たに文通の主体に加わったからである。弘化四年は、四月一日以降、田村家の清瀬と民野から、備子付のほか、仙台に下った栄心院付の老女還尾と浜尾に出されたものが多い。後述するように、田村家の文通に上屋敷にいる正妻睦《ちか》が加わり、栄心院付は老女が交替したからである。この時期の伊達家の職制は当主付と正妻付を統合していたが、田村

表10　一関藩田村家から仙台藩伊達家への書状

年　月	日　　付	計
文政4年	**津山**・外山 ⇒ **沢井**・篠崎	
1月	元日・5日・8日・11日・23日	5日
2月	5日	1日
3月	7日・11日・16日・21日・22日・23日・26日・28日・29日	9日
4月	2日・5日・7日・16日・18日・20日・21日・23日	8日
5月	4日・11日・15日・24日・25日・30日	6日
6月	11日・13日・15日・17日	4日
7月	1日・2日・9日・22日・23日	5日
8月	17日・22日	2日
9月	1日・16日・28日	3日
10月	1日・7日・10日・13日・15日・18日・23日	7日
11月	6日・15日・17日・19日	4日
12月	10日・20日・25日・28日・29日・30日	6日
文政12年	**外山**・滝瀬 ⇒ **沢井**・篠原・多仲	
1月	元日・5日・11日	3日
2月	22日	1日
3月	8日	1日
4月	2日	1日
5月	23日	1日
6月	23日・24日	2日
7月	1日・2日・11日	3日
8月	8日・15日	2日
9月	なし	
10月	14日	1日
11月	8日・17日・26日・27日	4日
12月	7日・15日・20日・23日・25日・28日	6日
文政13年	**外山**・滝瀬 ⇒ **沢井**・篠原・多仲	
1月	元日・5日・9日	3日
2月	なし	
3月	30日	1日
閏3月	1日	1日
4月	3日・23日	2日
5月	なし	
6月	5日・10日・11日・13日	4日

7月	なし	
8月	3日・6日	2日
9月	なし	
10月	10日	1日
11月	19日・26日・29日	3日
12月	5日・9日・15日・28日	4日
弘化2年	**清瀬**・民野 ⇒ **多仲**・亀尾・音羽・絵川 (音羽は11月29日病没，多仲は12月27日歌嶋と改名)	
1月	元日・5日・12日・19日	4日
2月	なし	
3月	(日付なし「折節御機嫌伺の奉文」のみ)	1日
4月	1日・16日・19日・21日	4日
5月	2日・12日・24日	3日
6月	18日	1日
閏6月	22日	1日
7月	27日・30日	2日
8月	6日・11日・26日	3日
9月	なし	
10月	なし	
11月	15日・28日・29日	3日
12月	12日・13日・27日・28日	4日
弘化3年	**清瀬**・民野 ⇒ **歌嶋**・亀尾・絵川・佐山（4月4日から） (9月9日から**お千佐**(上臈)・歌嶋・亀尾(9月17日以降抜)・絵川・佐山・三浦)	
1月	元日・5日	2日
2月	なし	
3月	10日	1日
4月	4日・23日	2日
5月	11日・29日	2日
閏5月	9日・27日	2日
6月	1日・15日・28日	3日
7月	17日	1日
8月	15日・18日・19日・23日・24日・28日	6日
9月	1日・3日・12日・22日	4日
10月	なし	
11月	22日・26日	2日
12月	1日・28日	2日

弘化4年	**清瀬**・民野 ⇒ **お千佐**・歌嶋・亀尾・絵川・佐山・三浦 （4月1日から仙台栄心院付は還尾・浜尾）	
1月	元日・5日・10日・26日	4日
2月	7日・10日	2日
3月	10日・30日	2日
4月	5日・14日・18日・19日・20日・28日	6日
5月	10日・22日・28日	3日
6月		
7月		
8月	27日・28日	2日
9月	17日・20日	2日
10月	12日・13日	2日
11月		
12月		

注：太文字は筆頭女中.

家側は不明である。田村家から出される手紙の担当は正妻や隠居した正妻付の老女であることははっきりしている。

手紙の大半は、老女が主人の意を受けて作成する奉書の体裁である。これを伊達家と田村家はともに「奉文《ほうぶん》」と呼んでいる。文政四年の奉文で田村家の老女津山と外山は、みずからの主人を「田村家奥様」（鏻）、「宝寿院様」（琴）、「右京大夫《うきょうだいぶ》様」（六代宗顕）と「様」の敬称で記し、伊達家に対しては、当主斉義を「屋形様」と呼び、老女の沢井と篠崎にも「様」を付けている。これに対して、文政十二年以降は、主人の敬称は「宣寿院殿」「宝寿院殿」「左京大夫殿」（七代邦顕《くにあき》）と殿付となり、伊達家に対しては当主も老女の敬称も様付で変わらない。文政四年当時、伊達家の一一代当主斉義は田村鏻の弟であったので、田村家の老女たちは、両家に序列をつけない対等な関係を手紙に反映させていた。これを一二代・一三代の時代には、本家・分家の関係に基づいた作法に戻したのである。

なお、手紙の作成は伊達家では主に右筆の仕事である。よって、田村家から伊達家に宛てた手紙の宛名は老女であるが、届ける先に「御右筆様方御てもと」と書かれたものがある。田村家では老女が筆を執っていたと判断される。この当時の田村家の職制は知られないが、宝暦年間（一七五一～六四）の四代村隆《むらたか》の正妻逸《いつ》付は、老女二人・中老二人・並女中四人・小姓一人・御茶之間二人・仲居二人・御末三人がおり、合計一六人である（「一関藩士分限帳」）。老女の下に表使や右筆など役女系列は置かれていない点で、事務的な仕事のいっさいを老女が担当する体制であったとみられる。三万石の大名家の格式からして、以後もこの体制が続いていたとみられる。

文通の作法

田村家の老女が伊達家に送った年間の手紙の回数を日付でみると、文政四年（一八二一）は六〇日、同十二年は二五日、同十三年は二一日、弘化二年（一八四五）は二六日、同三年は二七日で、同四年は後述するように他の年とは異なる事情があったが、二三日である。ただし同日中に送付と返礼が繰り返されることがいく度もあり、作成された手紙の実数は、この二倍に近い。

時候の挨拶は、元日の年始御礼、六月末か七月初旬の暑中見舞い、十一月初旬の御機嫌伺い、十二月中旬の寒中見舞い、十二月二十八日の歳暮、この五回を定例としている。本家・分家の関係のもと、常に田村家側が先に挨拶を行い、これに伊達家から返書が送られ、同日中に田村家がこれに返礼を出すのを決りとしている。なかでも年始御礼は、元日に送る田村家の奉文に対して、伊達家から返書が届くのは一月五日であり、同日中に田村家はその返礼を出すのが慣わしである。こうして、田村家の老女が伊達家に対して書く奉文は、伊達家側の二倍以上の分量となっている。

元日の奉文をみてみよう。文政四年の記録では、「改年の御祝儀御申上られ度、御夫様《それ》方迄申上られ候」という文言で始まる。「（主人の宣寿院が）年が改まったお祝いを申し上げたく、老女のみなさまを介して申し上げるものです」という意味である。これに続いて、伊達家では斉義が仙台に帰国中で、国元で機嫌よく新春を迎え年頭の規式を執り行ったであろうこと、国元の繁盛の様子について祝意を述べ、次に前代斉宗の正妻信恭院《しんきょういん》と、仙台城「中奥」にいる斉宗娘の蓁子（後に斉義正妻となる）が揃って機嫌よく新春を迎え、規式などを執り行うことへの祝意を述べている。この奉文は、「七段ちらし 上包 水引かけ のしこんふ付 半御文箱ニ而指出す」とあるので、七段の散らし書きで書かれ、上包みに水引を掛け、これに熨斗昆布を添え、文箱に納めて届けられたことがわかる。こうした体裁を整えることが、本家に対して年頭に送る手紙の作法であった。散らし書きの書式をはじめとして、包み紙とその添え物にも決まりがある。老女たちは、こうした規則をわきまえ、常に細やかな気配りをして手紙を作成することを任務とされ、代々これを受け継いでいたのである。

文政四年の文通量が例年の倍以上であるのは、伊達家の当主斉義が、鏻の弟であるという親密な関係にあったからである。鏻の着帯と出産、初の帰国を終えた斉義の江戸参勤、斉義の田村家訪問などをめぐり、定例の型通りの挨拶を超えた親密な言葉のやりとりが、老女の筆で伝えられている。斉義の代に残る「文通下書覚帳」は文政四年のみであるが、頻繁な文通は斉義の病没する文政十年まで続いていたとみられる。

両家の情報の応酬はこのほか、慶事は田村家側では、邦顕の元服式である袖留や前髪取《まえがみと》りなど、伊達家側では、斉義の娘保子の箸初《はしぞ》め、斉邦の元服式である袖留など、弔事として慶邦娘の死亡などを知らせている。歴代の当主と正妻の年忌に関わる情報も多い。参勤交代に伴う発駕《はつが》と帰府は、双方の当主の奉公と無事を報せ合い、慶事と同様の祝意を交わしている。このほか、女中同士の連絡として、同職の老女の病気や死亡、新たな任命や改名などを伝えている。

「文通下書覚帳」は、いわば作成した手紙を蓄積するファイルであるが、老女たちはこれを定例の手紙を作成するための前例集として活用していたことがわかる。日付順に文面を写しているほか、用件のみを短く書き留めた日もある。たとえば、文政四年（一八二一）一月二十三日に、鏻（「奥様」と記される）の着帯に関連して、斉義へ祝儀として肴一折を食籠《じきろう》（蓋つきの容器）に入れて送り届けたが、その送り状の奉文は「文政三年正月十八日之下書有之、認出ス」と記されており、文政三年の「文通下書覚帳」から同様の用件の文面を探し出して作成したことが知られる。

手紙作成のための前例集

過去の文面が参照されていたのは、年始祝儀・暑中御機嫌伺い・寒中御機嫌伺い・当主の参勤交代での発駕など、恒例の行事に関わる日の記録である。老女たちは「文通下書覚帳」を手元に置き、これに倣い文面を整えることで仕事の効率化を図っていたのである。なお、参照された文面は三冊を通して、文政二年九月とあるのが最古である。この年五月に斉義が伊達家を相続しているので、手紙の礼式を整える起点がここに設定されたのだろう。

文政十三年の「文通下書覚帳」は、八月三日まで、以前の「下書」をもとに手紙を作成し送付したとする記録が続いており、文面が省略されている日が多い。本家へ書状を送付した日記の体裁になっている感がある。

老女たちは、「文通下書覚帳」を手紙作成の前例集として活用し、また手紙の送付履歴・執務記録とする、二つの重要な機能を持たせて管理し、後代に引き継いでいたのである。

「御文初」の慣わし

伊達家と田村家は、文通を継続するなかで「御文初《おふみはじめ》」と呼ばれる儀礼を催していた。「御文初」とは、新たに文通の相手となる伊達家の正妻に対して、田村家の正妻が初めて手紙を送る場合と、田村家で文通を開始する正妻が、伊達家の正妻に対して初めて手紙を送る場合がある。つまり本家・分家の関係に基づいて、常に田村家の側が伊達家に挨拶を開始する儀式として執り行われるのである。そのため、準備に追われるのは毎度、田村家の老女である。また、正妻は入輿後にただちに文通を開始するのではないことも興味深い。両家の文通は前代の正妻が存命でいるうちは、当代の参加は急がれなかった。これには、実務を担当する老女の引き継ぎがからんでいた事情も垣間見える。「御文初」の流れをたどりながら、老女たちの仕事ぶりをみておこう。

伊達家一三代慶邦正妻の備子（綱姫）は、弘化三年（一八四六）九月に田村家との文通を開始した。備子は二年前の弘化元年四月に慶邦に嫁していたが、田村家との文通は前代斉邦の後家である栄心院とその老女によって担われる体制が続いて、備子と付女中にしばらく役割はなかった。備子が田村家との文通に加わるのは、栄心院がいっとき江戸を離れることが契機となった。

栄心院は弘化三年五月に、亡夫斉邦の墓参と温泉療養のために仙台へ下ることを幕府に許され、九月一日に江戸を出立した（「楽山公治家記録」弘化三年九月七日条）。宣寿院はその直前まで、栄心院に祝儀や餞別を送るなど、親しく交流を続けていたが、出立の当日まで、留守中の伊達家の文通相手は誰になるのか、知らされていなかった。当代の正妻である備子に対して、いまだ「御文初」を執り行っていなかったため、宣寿院付の老女清瀬と民野は、真明院（一一代斉義正妻）のもとに伺いを立てることにして、歌嶋を筆頭とする伊達家の老女たちに手紙を送り、「御文初」について問い合わせた。また、広敷向の奥老から伊達家の奥老へも伺いを立てた。日程は両家の奥老同士で調整がなされ、備子の「御文初」を九月九日とすることが決定する。

九月九日の「御文初」に向けて準備を進める老女の手紙から、儀礼の具体的な中身が知られる。九月四日に田村家の老女は、伊達家の老女に直接、指示を仰いでいる。送り届ける文の形式は七段ちらしとする、「腰巻」をして横文箱に入れ、紅白の水引を掛ける、祝儀の品として干鯛《ひだい》五枚を折箱《おりばこ》一つに入れ、これを塗台《ぬりだい》に置く、こうした前代の「御文初」に倣ってよいものか、確認を必要としたのである。田村家にとっては、伊達家に伺いを立てること自体が、格式を重んじた作法であったといってよい。

こうして九月九日当日、田村家の清瀬と民野は、伊達家の老女歌嶋・亀尾・絵川・佐山を宛名として「御文初」の奉文を送ったのであるが、直前に念を押すように文言の点検を依頼した。「なを御奉文文言認《したた》メ様共、是えよろしく御座候哉、御内覧被下、よろしかららす候ハヽ、認メ直し差出候御事ニ御座候儘《まま》、何とそ御差図被下候様御頼申上候」と添え書きをしている。奉文の文言に不具合がある場合は書き直して再度送りたいので、非公式に目を通して、指図をいただきたいと、丁重に願い出たのである。これに対して歌嶋たちからは、「何《いずれ》も御念入候事と存まいらせ候。猶《なお》御奉文御文言よろしき哉と段々こまやかに被仰下承知いたし候。是ニてよろしく御座候まま、直々御披露申上候事に御座候」と返書があった。たいへん丁寧な仕上がりで、文言に何の問題もないので、このまま披露いたします、という良い返事が届いたのである。「文通下書覚帳」に先方の手紙の写しが書き留められた例は、わずかしかない。届いた手紙は手元で保管すればよいことで、あえて写し取る必要はないのである。では、この返書はなぜ記録に残されたのだろうか。田村家の老女は、落ち度なく役目を果たした証《あか》しとして、あえてこの返書を記録したものと思われる。というのも、この後に再度、奉文を書き直して送付しているからである。

改めて作成した奉文には、宛名に備子付の上臈お千佐と老女三浦の二人を加えている。お千佐を筆頭に、歌嶋がこれに続き、三浦を老女の末席に位置付けて宛名としたものを、再度作成して届けたのである。この奉文には、歌嶋に宛てて添え状がある。今後は宛名に、お千佐と三浦の二人の名前を加える旨を承知した、というものである。要するに、田村家の老女が当初送り届けた、歌嶋を筆頭とする従来通りの宛名を記した奉文に対して、備子と付女中たちから異論がでたのだろう。歌嶋をはじめ伊達家の老女たちは、備子の「御文初」でありながら、備子に相談することなく準備を進めて、これまで通りの歌嶋を筆頭とする宛名の体裁、つまりは奉文の任務体制を変える考えはなかったようである。「御文初」までの準備期間は十分にあった。田村家の老女たちは、おそらく備子付の担当者の名前が知らされないことに不安を抱きながら当日を迎えたのである。とはいえ、歌嶋たちのメンツを潰さないように、奉文の点検を依頼する旨の添え状を付けることで、役目を果たそうとした。歌嶋からの返書に、披露に問題はないとあったことは、田村家の老女のメンツとして、また後代の「御文初」の参考とされるためにも、記録に残しておく必要があった。このように考えることができる。

備子が主体となる文通の実務に備子付の上臈と老女が加わるのは、当然の手続きであろう。担当者の筆頭は、職階の序列と備子との関係からしても、上臈のお千佐とするのが筋である。歌嶋たちは、備子とお千佐たちのこうした主張に承服して、清瀬と民野に再度の奉文の作成を指示したものと考えられる。「御文初」は当の正妻だけでなく、正妻付の女中が新たに文通の実務にデビューするための儀礼でもあった。奥方の体制が入れ替わるなか、正妻付の上臈と、長く奥方を統括してきた老女のプライドが火花を散らす、場合によっては確執を生む可能性もあったことだろう。ともあれ、田村家の老女清野と民野は、分家の老女としての立場をわきまえ、冷静かつ低頭に対応することに徹して、「御文初」を終えたのである。

田村家の文通主体の交代

一方、田村家の側でも、翌弘化四年（一八四七）四月に邦行《くにみち》正妻睦が、新たに文通を開始した。睦は天保十三年（一八四二）四月に邦行に嫁いでいたが、伊達家との文通はその後も中屋敷に住む宣寿院と、宣寿院付老女の清瀬と民野で担われていた。婚礼から五年後の弘化四年四月に、睦はようやく文通の主体となるのであるが、これは伊達家の備子の場合と同様に、姑の宣寿院がいっとき江戸を離れることが契機となった。

宣寿院は弘化四年三月、亡夫常徳院《じょうとくいん》（六代宗顕）の墓参を目的に一関に下向することを幕府に願い出て、認められた。これに伴い、伊達家との文通の主体に睦を加えることになり、睦付の老女二人が新たにその実務を担うことになった。宣寿院付の老女清瀬と民野は、本家の上臈お千佐、老女の歌嶋・亀尾・絵川・佐山・三浦に宛てて、田村家の上屋敷から正妻睦が、年始、暑中、寒中、主要な祝儀に際して御機嫌伺として文通を行いたい旨を願い出ていることを伝えた。伊達家側から同年三月二十九日、「御文初」を四月朔日に申し上げるようにと伝えてきたので、清瀬と民野は翌三十日、上屋敷の睦付の老女である藤田・松野の名前で差出すことを伊達家側に知らせている。

わずか二日の準備で催された「御文初」であったが、四月五日に宣寿院から伊達家に送られた奉文には、「此程ハ御文初も諸事滞なふ相済、宣寿院殿ニ置候ても誠ニ幾万々年もと御めて度有難存せられ候」とあり、睦の「御文初」が無事に終了し、安堵したことが伝えられている。だが睦の「御文初」にはひとつ、失態があった。終了後にただちに伊達家に礼状を出すべきところ、送られていなかったのである。これを詫びる宣寿院の手紙が、清瀬・民野により伊達家側に届けられている。上屋敷の睦付老女の藤田・松野への清瀬・民野による連絡が不十分であったとみられる。藤田・松野にとっては、任務のスタートから汚点を残してしまったが、挽回するべく仕事を進めていったことだろう。

一〇日後の四月十四日には、清瀬と民野から、宣寿院の一関への出立日が五月十二日に決まったことが伊達家へ伝えられた。

ただし宣寿院は、これを機に伊達家との交際から下りていたわけではない。一関への下向については、伊達家の正妻備子だけでなく、前年に仙台に下っていた栄心院や、仙台城の「中奥」に暮らす斉義の側妻らへも頻繁に連絡を行い、旅の途中も江戸帰着後も、伊達家の人々との挨拶や見舞い、土産の応酬が続いている。こうして、宣寿院が行う音信贈答の実務は引き続き、宣寿院付の老女たちが担っていた。老女の配下に役務を分掌する役女がいない田村家の奥方で、老女たちの日々の仕事は多忙を極めていたものと思われる。現存する弘化四年「文通下書覚帳」は、宣寿院付の老女清瀬と民野により作成されており、上屋敷にいる睦付老女の藤田と松野には引き継がれていない。睦付の老女たちは独自に「文通下書覚帳」を作成して、任務の遂行に備えていたのだろう。

ここまで、田村家の宣寿院と老女たちの役割をとりあげてきたので、宣寿院の晩年のイベントについて触れておきたい。

宣寿院の一関下向

宣寿院は弘化四年（一八四七）五月十二日、亡夫常徳院の墓参のため、江戸を出立して、一関に下向した。奥州街道を北上して、一四日後の同月二十五日に一関に到着し、およそ三ヵ月にわたる滞在の後、八月二十二日に一関を立ち、途中松島《まつしま》・塩竈《しおがま》を遊覧した後、前年秋に仙台に下っていた栄心院の住む亀岡御殿《かめおかごてん》に立ち寄り、親交のひとときを過ごした。その後、江戸へ向かい、九月十一日に田村家江戸中屋敷に帰着した〔磯部二〇一三、菊池二〇一四〕。

大名の正妻は幕府の人質の身であり、原則として江戸を離れることはできなかった。だが一九世紀前期には、隠居の立場で墓参を目的とする旅は幕府の許可を得やすくなり、国元へ下向する先例が増えていた。齢《よわい》五五となった宣寿院は、父母を見送り、家督の嫡子邦顕に先立たれる不幸はあったが、邦顕の異母弟邦行を次の家督に据え、その嫁を迎え、家政が安定して、藩財政が好転するいっときを迎えていた。下向するなら今こそのタイミングを捉えて、一関への旅を決行したのである。

江戸中屋敷の奥方を締め切って老女の清瀬と民野をはじめ、付女中が揃って宣寿院の下向に随従した。その人数は知られないが、四代村隆正妻逸（栄寿院《えいじゅいん》）付の宝暦年間（一七五一〜六四）の女中の職制は一六人であったので、隠居の身からして、これよりやや小さい規模であったかと思われる。老女以下、女中全員で宣寿院の旅路を護衛し、一関逗留《とうりゅう》中の世話をしたのである。

奥女中の随行

宣寿院は一関の居館に到着後、国元の家臣と対面し、盃を下賜するなど、主従固めの儀礼を執り行った。六月八日の常徳院の月命日に祥雲寺《しょううんじ》で念願の墓参を果たした後は、先に帰国していた当主邦行に伴われて、仙台藩領の平泉《ひらいずみ》（現岩手県平泉町）に巡行した日がある。一関領内では名所旧跡を遊覧し、民俗芸能を見物したり、居館で家臣の武芸や礼法の稽古の模様を見るなど、盛りだくさんの体験をしている。藩の医学校慎済館《しんせいかん》の学頭であった笠原《かさはら》耨庵《どうあん》が一関での遊覧の様子を一五の場面にわけて、「宣寿院様在所《ざいしょ》御《お》下《くだり》之《の》節《せつ》御《ご》遊覧《ゆうらん》毎所《まいしょ》真写《しんしゃ》」（以下、「毎所真写」と略す）と題して描いている。このなかに宣寿院に同行した奥女中の姿を捉えた絵が三枚ある。

図8は、「毎所真写」六枚目で「柔術《じゅうじゅつ》」のタイトルがある。宣寿院が居館の表向で御《み》簾《す》越《ご》しに、家臣の柔術の稽古を見る場面である。宣寿院の姿は屏風で隠されているが、その隣に奥女中がおり、おそらく老女の清瀬であろう。邦行に伴われて居館の表向空間に入った宣寿院に付き従っていたのである。邦行の右に座しているのは、この画を描いた笠原耨庵かと思われる。

図9は一〇枚目に「小笠原流躾《おがさわらりゅうしつけ》 表書院《おもてしょいん》」のタイトルを付して描かれた絵である。表向の書院で小笠原流礼法の稽古をする家臣の様子を、奥女中が御簾越しに眺めている。宣寿院は奥女中の左側に居たのだろう。田村家は江戸城で勅使《ちょくし》饗応役《きょうおうやく》を勤める大名家の一つで、家臣は小笠原流礼法の習得を必須とされていた。江戸屋敷の表向で行われる稽古の場に、正妻や奥女中が入ることはない。宣寿院は、常徳院の帰国時の行動を追体験することを希望し、これを叶えたのだろう。奥女中たちは宣寿院とともに、日頃は入ることのない表向空間で、家臣の柔術や礼法の練習をみるという、稀有な体験をしたのである。

図10は一四枚目の「茸狩《きのこがり》 霜後山《そうごやま》」である。三人の女中がアカマツの根元に近寄って、夢中でマツタケを採る姿を描いている。脛《すね》を出した女中の姿もある。自然に放たれた女中たちの解放感がリアルに伝わってくるようである。茸狩はよほど楽しかったのだろう。最

図８　「柔術」（「宣寿院様在所御下之節御遊覧毎所真写」一関市博物館所蔵）

図９　「小笠原流躾 表書院」（「宣寿院様在所御下之節御遊覧毎所真写」一関市博物館所蔵）

図10　「茸狩　霜後山」（「宣寿院様在所御下之節御遊覧毎所真写」一関市博物館所蔵）

後の一五枚目は、「同日夜雨御供女中帰途遅延之図」とタイトルがあり、霜後山で長居をしすぎた女中たちが、夕立の雷が鳴るなか、駕籠で帰路を急ぐ様子が描かれている。

宣寿院付の女中たちは、江戸屋敷で正妻を母として生まれた宣寿院の出自からして、田村家の家臣の家族よりも、江戸で採用された者が多かったと推測される。一関での遊覧は、女中たちにとっても、領国の景色を知り、文化に触れる得難い体験であったことだろう。

宣寿院六十賀図　常徳院の墓参から五年が過ぎた嘉永五年（一八五二）五月に、当主邦行により宣寿院の六〇歳を祝う算賀《さんが》が開かれた。この模様を描いた「宣寿院六十賀図《ろくじゅうがず》」が田村家文書に伝えられている。本書のカバーにこれを掲載した。

「宣寿院六十賀図」は、大名屋敷の奥向奥方の内部や、正妻と奥女中の姿が正面から描かれている点で、稀有な作品である。大名の正妻を描いた絵の大半は没後の肖像画である。奥女中も錦絵《にしきえ》の題材とはなっても、奥向空間で働く姿が描かれたものは皆無に等しい。「宣寿院六十賀図」は宣寿院に献呈する目的で製作され、田村家の人々のみが鑑賞することを前提に、こうした描写を可能としたものとみられる。縦二九センチ余、横八七センチ余のサイズで仕上げられているが、人物は髪型・衣装が綿密に描き分けられており、特定することが可能である。本章での分析を踏まえて、祝宴の模様とともに、これを運営した奥女中の役割を読み解いてみよう（図11）。

主役の宣寿院は、総模様の小袖と帯を着用した姿で、上座に座っている。その左側に居並ぶのは、裃姿の当主田村邦行と、正妻の睦である。宣寿院と向き合うかたちで三人の客人がいるが、左側の二人は、裃に竪三引両《たてみつひきりょう》の家紋があることから、宣寿院の弟で旗本《はたもと》田村家を相続し当時は幕府の作事奉行《さくじぶぎょう》を務めていた田村顕彰《あきえだ》と、その嫡子の顕謨である。右側の袈裟《けさ》を着ている人物は、田村家の菩提寺《ぼだいじ》である東禅寺《とうぜんじ》の和尚かと思われる。睦の左隣り、次の間の先頭に座るのは、姿からして奥医師であろう。

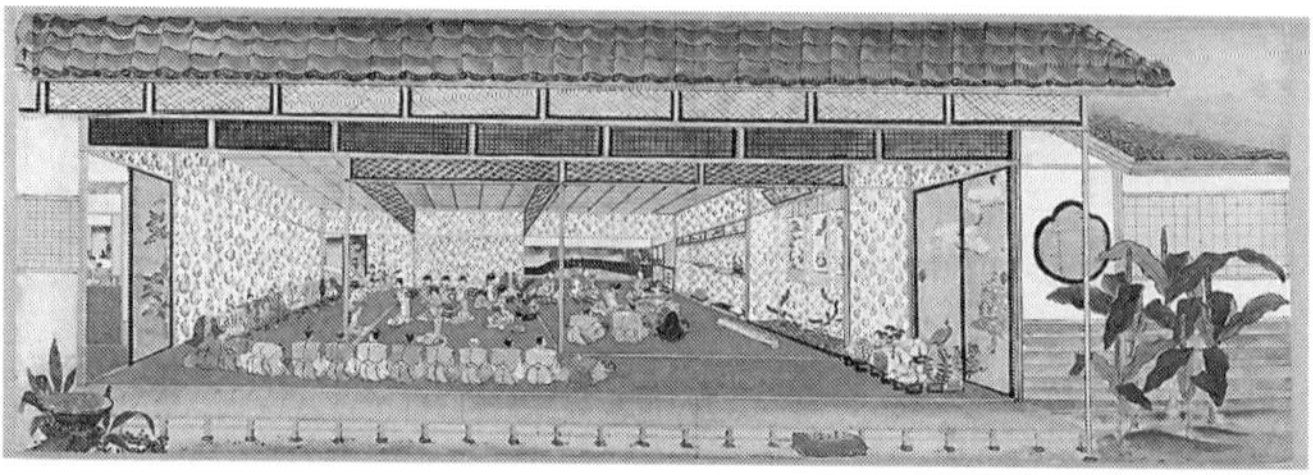

全体

部分拡大

図11　「宣寿院六十賀図」（一関市博物館所蔵）

儀礼空間のしつらえ

祝宴の場は、田村家の江戸上屋敷の奥向奥方とみられる。田村家当主の邦行が主催し、正妻の睦が参列していることから、奥向奥方の座敷とその次の間が使われたとわかる。画面右側の孔雀《くじゃく》の絵が描かれた襖《ふすま》の手前には、檜《ひのき》の重箱には各種の肴が詰められているのだろう。絹布《けんぷ》やお菓子なども贈られている。伊達家をはじめ親族から贈られたであろう、熨斗をかけた進物が積み上げられている。

六十賀の開催は、睦付の老女たちが奉文で親類筋の老女たちに伝え、祝儀の品々が届けられたのである。なお、宣寿院の誕生日は三月二十日であるが、五月に賀寿が催されたのは、伊達家でこの年一月に慶邦正妻の備子が病没していたからだろう。忌明《きあ》けを待ち、祝儀を催してもよい時期などが、双方の老女の連絡により調整されていたものとみられる。

座敷の床の間には、古謡「末広《すえひろ》」を描いた三福の軸絵が掛けられている。その下には、長寿を祝うクロマツが対《つい》で生けられている。床の間の前に置かれた大きな島台《しまだい》は、松竹梅や鶴亀の飾りを配して、不老不死の島とされた蓬莱山《ほうらいさん》を模倣した祝儀の飾り物である。算賀を主催する当主から贈られる慣わしであるので、邦行が用意したことになろう。このように、めでたい調度品や飾り物を配置して、儀礼空間を華やかに調えたのは、睦付の女中たちであった。先例を調べ上げて、ハレの日の舞台をつくりあげたのである。

末席に三味線を弾く女性芸人二人の姿もみえる。六十賀は賑やかに音曲が奏でられるなかで進行していたのである。

六十賀を支える

さて、儀礼当日の奥女中と家臣の役割にも注目しよう。六十賀には家臣たちが参列を許され、廊下に膳や酒器・食器を配されて座している。その先頭で首を垂れているのは家老であろう。一九人を数える家臣には坊主が五人いる。

宣寿院の六十賀は、田村家の人々と家臣との主従儀礼が行われた日でもあった。

一方、宣寿院の前に出て祝儀を述べているのは、睦付の筆頭老女とみられる。田村家の奥女中を代表して挨拶する立場にあった。老女の挨拶に合わせて家老が首を垂れたのであり、左側で同様に行動を合わせ首を垂れているのは奥老と坊主とみられる。

次の間の中央に並んで控える二人も老女であろう。老女は三人とも、髪型をすべらかしとし、朱色を基調とした総模様の華やかな小袖で揃えている。役柄から、この季節の祝儀の規式に臨む最大の礼装を調えていたのである。その後方に、髷を結い、総模様の小袖を着用する礼装で、鯛の盛りつけや二の膳、三の膳、酒器などを運んでいるのは、睦付の中老・並女中・小姓とみられる。奥女中銘々が、祝儀を述べたり、配膳や給仕を行うなど、規式の日の定められた役割を十分に果たしていた様子を見渡すことができる。

三年後の安政二年（一八五五）に宣寿院は六三歳の生涯を終えた。

御　城　使

江戸城大奥へ使者となる

御城使の任務と権威

「御城使」の名称

奥女中には、主人の交際相手のもとに使者となる用務があり、これを女使《おんなづかい》・女中使《じょちゅうづかい》と呼んだことは前述した。女使のなかでも、江戸城大奥へ使者となる役目は「御城使《おしろづかい》」と呼ばれた。御城使は江戸城大奥で催される行事・儀式に際して、将軍付老女に対面して、主人から託された将軍や御台所《みだいどころ》・世子《せいし》への挨拶を伝え、献物を届けるのである。将軍や御台所に謁見して直接、挨拶を述べることもある。限られた大名家の奥女中が務める特権的な任務であったが、その役割は重要であり、注目すべきものがある。ここでは、御城使としての奥女中の役割に焦点を絞り、選任、待遇、登城の隊列、大奥での行動、男性家臣との協業などを明らかにすることにより、任務の特徴を捉えたい。

御城使は史料上には、女使や女中使と表記される例が多く、筆者を含めて先行研究では、女使を多用してきた経緯がある。だが、江戸城大奥へ使いに出る役目を特定するには、使者としての用務の総称である女使と区別して、御城使を用いるのが適切である。大奥の人事記録である「女中帳《じょちゅうちょう》」に御城使の名称で女中の異動を記録していることは、確定的な根拠となり得る〔柳谷二〇一二〕。そこで従来、女使と呼んできた江戸城大奥への使者の名称を御城使と改め、原史料を引用する際には女使・女中使など、その表記で記すことにする。

なお、大名家の表向で幕府との連絡・交渉を担当する留守居《るすい》役にも御城使の別称がある。武家の名簿である『武鑑《ぶかん》』において留守居は、一七世紀末以降、一貫して御城使と記されている〔笠谷二〇〇〇〕。つまり奥向で上臈《じょうろう》や老女《ろうじょ》が担っていた御城使は、表向で留守居が担当する任務に並び立つ職掌であったとみることができる。この点も念頭におきながら、御城使が果たした役割を検討していこう。

大奥勤めと御城使

御城使を置く大名が限られていたのは、奥向から江戸城大奥へ挨拶や贈答を許された人物が限定されていたからである。表向から江戸城大奥への挨拶・贈答は、すべての大名に課せられた義務であり、すなわち大名が行う公的奉公である。これに対して、奥向から江戸城大奥へ時候の挨拶や献物を行うことができたのは、大名家のなかでも特別に許された人々であった。当の大名や正妻は、将軍の子息や娘・養女を除いて、みずから登城してこの行為を行うことはない。付女中のなかから御城使となる者が、主人の使者として登城したのである。よって御城使は、仕える主人の家柄と権威を誇示する存在となった。

一方、将軍家と大名家の贈答儀礼については、慣行化した側面を捉えて、奥向を介した交際、ないしは交流とする見方がある。これに対して筆者は、福井藩主であった松平春嶽《まつだいらしゅんがく》による説明に「御三家御三卿方ハ勿論、姫君方御嫁付の大名ハ、公儀の奥へ勤めあり、女中を使ニ出す」（松平春嶽「前世界雑話稿」）とあること、また大名家の史料に「御勤《おつとめ》品《ひん》」「公辺御勤《こうへんおつとめ》」「御内証御勤《ごないしょうおつとめ》」などのように「勤」の記載が使われていることから、奉公を含意する「勤」の語を活かして「大奥勤め《おおおくづと》」と称するのが妥当であろうと考えている。そこで以下、江戸城大奥の儀礼に使者を出すことを「大奥勤め」と記して、叙述を進めることにしたい。

大奥勤めの主体

まずは、御城使は全体でどれほどの人数がいたのか、みておこう。これを知るためには、御城使を派遣して大奥勤めを行っていた人物を確認する必要がある。大奥勤めの全容を知る史料として、『徳川礼典録《れいてんろく》』下巻に収載された「大奥向御規式之次第」（以下、「御規式之次第」と略す）がある。江戸城大奥で催された年中儀礼を書き上げるなかで、個々の儀礼ごとに、将軍徳川家定《いえさだ》と御台所敬子《すみこ》（天璋院《てんしょういん》）、および世子の慶福《よしとみ》（一四代将軍家茂《いえもち》）に対して御城使（史料上は「女使」「女中使」と記される）を派遣していた人物を記載している。安政年間（一八五四〜六〇）とされる調査については、記載された人物の生存年代などから、安政三年（一八五六）と特定することができる。

大奥勤めを行う人物は、「姫君様方」「御両卿《ごりょうきょう》方」「御三家方」「御簾中《ごれんちゅう》方」「加賀中《かがちゅう》納言《なごん》始御由緒之方々」「松平阿波守《まつだいらあわのかみ》・松平三河守《みかわのかみ》・松平確堂《かくどう》」「松平筑前守《ちくぜんのかみ》妻始御由緒之方々」というグループに大別されている。このほか、元日のみ御城使を送る人物が六人おり、「不時献上《ふじけんじょう》」（後述）のみを行う人物が五人いる。そこでこれらのグループを、①将軍息女・養女（「姫君様方」）、②御三家とその御簾中（「御三家方」と「御簾中方」のうち）、③御三卿とその御簾中（「御両卿方」と「御簾中方」のうち）、④由緒1の人々（「加賀中納言始御由緒之方々」）、⑤由緒2の人々（「松平阿波守・松平三河守・松平確堂」）、⑥由緒3の人々（「松平筑前守妻始御由緒之方々」）、⑦将軍縁者（元日のみ御城使を送る人物）、⑧不時献上のみ行う人々（「不時献上」）という八つのグループ名で整理して、人物を特定した（表11）。これをもとに、各グループの人物と人数を見渡してみよう。

「姫君様方」と記された①将軍息女・養女のグループは、一一代将軍家斉《いえなり》娘の松栄院《しょうえいいん》

表11　御城使を置いた大名家の人々

	人物（カッコ内は史料上の表記）
①将軍息女・養女	福井藩 松平斉承正妻瀧子（松栄院）＝11代家斉娘 加賀藩 前田斉泰正妻諧子（溶姫）＝11代家斉娘 広島藩 浅野斉粛正妻貴子（末姫）＝11代家斉娘 姫路藩 酒井忠学正妻都子（晴光院）＝11代家斉娘 一橋斉位正妻賢子（誠順院）＝11代家斉娘 久留米藩 有馬慶頼正妻（精姫）＝12代家慶養女
②御三家と御簾中	尾張藩 徳川慶勝（御三家方） 紀伊藩 徳川慶福（御三家方） 水戸藩 徳川慶篤（御三家方） 水戸藩 徳川斉昭（水戸前中納言） 尾張藩 徳川慶勝正妻矩（尾張御簾中） 尾張藩 徳川斉荘正妻猶（貞慎院） 水戸藩 徳川斉昭正妻吉子（水戸前中納言御簾中）
③御三卿と御簾中	田安慶頼（田安） 一橋慶喜（刑部卿） 田安慶頼正妻佳子（田安御簾中） 一橋慶喜正妻省子（刑部卿御簾中） 一橋慶寿正妻直子（徳信院）
④由緒1	加賀藩 前田斉泰（加賀中納言） 広島藩 浅野斉粛（松平安芸守） 久留米藩 有馬慶頼（有馬中務大輔） 姫路藩 酒井忠宝（酒井雅樂頭）
⑤由緒2	徳島藩 蜂須賀斉裕（松平阿波守）＝11代家斉子息 津山藩 松平慶倫（松平三河守）＝11代家斉子息松平確堂養子 津山藩 松平確堂（松平確堂）＝11代家斉子息
⑥由緒3	加賀藩 前田慶寧正妻崇（松平筑前守妻） 加賀藩 前田斉広正妻隆子（真龍院） 薩摩藩 島津斉彬正妻恒（松平薩摩守妻） 佐賀藩 鍋島直正正妻筆（松平肥前妻）

⑥由緒3	庄内藩 酒井忠発正妻鐐（酒井左衛門尉妻） 柳川藩 立花鑑寛正妻純（立花飛驒守妻） 仙台藩 伊達斉邦正妻徽子（勁松院） 熊本藩 細川斉樹正妻紀（蓮性院） 仙台藩 伊達斉義正妻蓁子（真明院） 松山藩 松平定通正妻鑅（貞寿院） 中津藩 奥平昌暢正妻国子（芳蓮院） 浜田藩 松平武成正妻千重（永寿院） 徳島藩 蜂須賀斉裕正妻標子（松平阿波守妻） 津山藩 松平慶倫正妻儀（松平三河守妻） 川越藩 松平斉省正妻鉚（涼叢院） 明石藩 松平斉宜正妻桃（至善院）
⑦将軍縁者	水戸藩 徳川慶篤娘（随姫） 尾張藩 徳川斉荘娘（釧姫） 〔松平確堂娘〕（微之） 尾張藩 徳川斉荘娘　広島藩浅野慶熾正妻（利姫） 佐賀藩 鍋島直正娘　川越藩松平直侯正妻（貢） 姫路藩 酒井忠宝正妻喜曽（喜光院）
⑧不時献上のみ	加賀藩 前田斉泰嫡子慶寧（松平筑前守） 薩摩藩 島津斉彬（松平薩摩守） 薩摩藩 島津斉彬養嗣子忠徳（松平大隅守） 仙台藩 伊達慶邦（松平陸奥守） 鳥取藩 池田慶徳（松平相模守）

出典：「大奥向御規式之次第」（『徳川礼典録』下巻）.

（福井藩松平斉承《なりつぐ》正妻溵子《すみこ》）・浴姫《ようひめ》（加賀藩前田斉泰《まえだなりやす》正妻諧子《ともこ》）・末姫《すえひめ》（広島藩浅野斉粛《あさのなりたか》正妻貴子《たかこ》）・晴光院《せいこういん》（姫路藩酒井忠学《さかいただのり》正妻都子《みやこ》）・誠順院《せいじゅんいん》（一橋斉位《ひとつばしなりくら》正妻賢子《かたこ》）、一二代家慶《いえよし》養女精姫《あきひめ》（久留米藩有馬慶頼《くるめはんありまよしより》正妻）の計六人である。

②の御三家と御簾中は、徳川三家（尾張・紀伊・水戸）の当主および隠居と、御簾中と呼ばれた正妻および隠居である。安政三年当時は、徳川慶勝《よしかつ》（尾張）・徳川慶福（紀伊）・徳川慶篤《よしあつ》（水戸）の三人の当主と、水戸徳川の隠居である徳川斉昭《なりあき》、御簾中として尾張徳川慶勝正妻矩姫《かねひめ》・尾張徳川斉荘《なりたか》正妻貞慎院《ていしんいん》・水戸徳川斉昭正妻吉子《よしこ》の計七人である。

③の御三卿とその御簾中は合わせて五人いる。御三卿は八代吉宗《よしむね》と九代家重《いえしげ》の男子を祖とする田安《たやす》・一橋・清水《しみず》の三家であるが、安政三年当時は清水家当主が不在のために、田安慶頼《よしより》と一橋慶喜《よしのぶ》の二人となり、「御両卿」と呼ばれている。彼らの正妻である御簾中には田安慶頼正妻佳子、一橋慶喜正妻省子《しょうこ》、および一橋家隠居徳信院《とくしんいん》（伏見宮直子《ふしみのみやつねこ》）の三人がいた。

④の由緒1とした「加賀中納言始御由緒之方々」とは、①将軍息女・養女が嫁いだ先の大名家の当主で、加賀藩前田斉泰をはじめ四人がいる。なお、誠順院の嫁ぎ先である一橋家は、当時の当主慶喜が③に含まれるのではずしている。

⑤の由緒2とした人々は三人で、先代の将軍の子息や孫である。一一代家斉の子息で徳

島藩蜂須賀家《はちすかけ》を継いだ蜂須賀斉裕《なりひろ》、同じく津山藩《つやまはん》松平家を継いだ松平確堂と、その養子となった松平慶倫《よしとも》である。これら将軍家の子息や孫は、将軍息女と養女が婚姻後も将軍家の家族として処遇されるのと違い、臣下となったことで由緒の序列が下がっている。

⑥の由緒3とした人々は、「松平筑前守妻始御由緒之方々」とまとめられている。記名を確認すると、将軍息女や子息が縁付いた大名家の当代、および前代の正妻が該当する。安政三年には加賀藩前田慶寧《よしやす》正妻崇をはじめ、薩摩藩島津家《しまづけ》・佐賀藩鍋島家《なべしまけ》・庄内藩酒井家・柳川藩《やながわはん》立花家《たちばなけ》・仙台藩伊達家《だてけ》・熊本藩細川家《ほそかわけ》・松山藩松平家・中津藩《なかつはん》奥平家《おくだいらけ》・浜田藩《はまだはん》松平家・徳島藩蜂須賀家・津山藩松平家・川越藩《かわごえはん》松平家・明石藩《あかしはん》松平家の一四家、一六人の正妻と隠居の名前がある。将軍息女や子息と婚姻関係が生まれた大名家では、当代のみならず後代の正妻にもその由緒が引き継がれ、大奥勤めを許されることになった。ただし、大奥勤めは正妻が存在する時期に限られるため、正妻が不在となって中断すると、再開しがたい事情も生じていた。

⑦は将軍の縁者であるが、元日に一度だけ御城使で献物を行う人物である。①将軍息女・養女と⑤将軍子息の血筋に連なる人物で、六人がいる。このうち水戸徳川慶篤娘随姫《よりひめ》は、将軍家慶の養女として慶篤に嫁いだ線姫《いとひめ》の娘であり、つまり将軍家慶の孫娘の立場にある。尾張徳川斉荘娘釧姫・同利姫・酒井忠宝《ただとみ》正妻喜光院の三人は、将軍家斉の孫娘であ

る。佐賀藩鍋島直正《なおまさ》娘貢は、養母が将軍家斉娘盛姫であるので、将軍孫娘の列に連なる。「微之」については、「松平確堂女（娘）」との添書があるが、人物を特定できていない。

⑧の不時献上のみ行う人々は、将軍息女が嫁いだ先の大名の世子（加賀藩前田慶寧）と、過去に将軍息女・養女を正妻に迎えたことのある当主で、五人がいる。将軍家との関係では、⑥の由緒3の女性たちの立場と並ぶことになるが、由緒3には多くの正妻や隠居がいるのに対して、大名当主にその由緒が引き継がれているのは、薩摩藩島津家・仙台藩伊達家・鳥取藩池田《いけだ》家の三家のみである。この点は幕府の方針があって限定されたものか、大名家の側で後代の引継ぎの手続きを行わなかったのか、検討の余地がある。

以上のグループ分けを人物の性別でみると、①六人、⑥一六人、⑦六人は女性であり、④四人、⑤三人、⑧五人は男性である。②は男性四人と女性三人、③は男性二人と女性三人に分かれる。なお、ほかに将軍家の姻戚として大奥勤めを行うべき人物に、福井藩松平慶永《よしなが》（春嶽）とその正妻勇姫がいたが、藩財政の窮迫により改革を行い「倹約中」であることを理由に、この年大奥勤めを辞退している。また萩藩毛利《もうり》家の人々がメンバーにいてよいはずであるが、名前が見えない理由は不明である。

大奥勤めは基本的には、将軍の子女、および子女との婚姻により将軍家の姻戚となった大名家の人々に許された儀礼勤めである。その由緒が後代に引き継がれ、将軍家の姻戚としての格式が長く維持された大名家がある。

御城使を置いた大名家

仙台藩伊達家の場合は、元和三年（一六一七）に初代政宗《まさむね》の世子忠宗《ただむね》と二代将軍徳川秀忠《ひでただ》の養女振姫《ふりひめ》との縁組により大奥勤めが開始され、幕末の一三代慶邦《よしくに》まで代々受け継がれた。この間に六代宗村《むねむら》が八代将軍吉宗の養女温子《はるこ》（利根姫《とねひめ》）を正妻に迎えたことは、大奥勤めが揺るぎなく続く契機となった。また、大奥勤めは、当主の代替わりに関わりなく、当人の存命中は継続された。これにより、尾張徳川家で安政三年（一八五六）に当主慶勝と御簾中矩姫のほか、隠居の御簾中貞慎院が大奥勤めを行っていたように、一つの大名家で複数の人物が大奥勤めを行う時期がある。

一方、江戸時代中期には、大名家の願い出により、勤めを行う主体の原則が拡大されていた。ただし当人一代の大奥勤めに限られている。八代将軍吉宗の養女で島津家五代継豊《つぐとよ》に嫁いだ竹姫《たけひめ》の娘菊姫《きくひめ》は、福岡藩主黒田重政《くろだしげまさ》との婚姻に際して、大奥勤めを認められた〔松崎二〇〇八〕。仙台藩伊達家七代重村《しげむら》嫡女詮子《あきこ》（守真院《しゅしんいん》）も将軍孫娘の例である。彦根藩井伊家《いいけ》一〇代直幸《なおひで》世子直富《なおとみ》との婚礼に際して、詮子の養祖母温子が将軍吉宗の養女として六代宗村に嫁いでいた由緒を根拠に、父の重村が大奥勤めを内願して、叶えられた。嫁ぐ娘に伊達家の格式を受け継がせたいとの思いを抱いたのだろう。こうして菊姫・詮子を先例として、安政三年には将軍孫娘で大奥勤めを行う者が六人いたのである。御三卿の子息の立場で、養子に出た先の大名家から御城使を遣わすことを認められた例もある。一橋家初代宗尹《むねただ》の五男隼之介《はやのすけ》（治之《はるゆき》）は宝暦十四年（一七六四）、筑前福岡藩黒田継高《つぐたか》の養子となった際に、父の宗尹が願い出て許されたものである〔笹目二〇一三〕。

さらに、こうした血筋にとどまらない由緒で始まった大奥勤めもある。鳥取藩池田家では三代吉泰《よしやす》の正妻敬姫（加賀藩前田綱紀《つなのり》娘）が大奥勤めを許された。これは初代光仲《みつなか》の正妻芳心院《ほうしんいん》（紀伊徳川初代頼宣《よりのぶ》娘）が、生家の紀伊徳川家二代光貞《みつさだ》の正妻照子《てるこ》に仲介を依頼して実現したと伝えられている（「因府年表」『鳥取県史』七）。つまり将軍家だけでなく、御三家との姻戚関係も機能していたといえる。

こうした経過を経て、幕末の安政三年段階で大奥勤めを行っていた大名家は二六であるが、全大名の一割ほどに過ぎない。御城使を置く人物の合計は五二人である。将軍家斉が子宝に恵まれたことで江戸時代を通して最大規模となっていたことを推測できるが、それでも大奥勤めは極めて限定的であり、御城使の権威性もここに規定されることになった。

つぎに、御城使の待遇をみておこう。御城使は上臈、もしくは老女が担当する用務である。ただし職位にある誰もが担えたのではなく、適任と見定められた者が複数名選ばれ、交替でその任務に就いていた。伊達家の「御《おん》奥方格式《おくかたかくしき》」には、上臈・老女の職務を記すなかで、御城使は「人により」と書かれており、選任されていた事実がわかる。

御城使の選任と役料

大役であるので、就任中は給与に加えて、高額の特別手当が支給されている。幕末の紀伊・尾張徳川家でその中身が知られるのでみておこう。

紀伊徳川家では嘉永四年（一八五一）九月、一三代当主菊千代《きくちよ》（慶福、後の一四代将軍家茂）付の老女戸山《とやま》に対して、切米《きりまい》四〇石・合力金《ごうりききん》二〇両・五人扶持《ぶち》の給与に加えて、御城使を務める追加手当として年間三〇両の支給を定めている。また同年十月二十三日、一二代斉彊《なりかつ》の御簾中観如院《かんじょいん》付の老女花井に、切米三〇石・合力金一五両・四人扶持の給与に加えて、同様に年間金二〇両の支給を定めている〔松島二〇一八〕。二人の支給額の違いは、当主付と隠居の御簾中付の立場の違いで登城の頻度が異なり、仕事量に違いがあったからだろう。

奥女中は役替えや祝儀に際して、仕える主人をはじめ、同僚同士で贈答を交わす慣習がある。上層の役職ほどその費用が嵩んでいたが、御城使に就任中は江戸城大奥の女中とも贈答が発生するので、登城の支度を含めて支出は多額に上った。追加手当の支給は、そうした出費に配慮した側面があったとみられる。

尾張徳川家では、御城使となる上臈・老女に年間三〇両の合力金が追加されたほか、御使番《おつかいばん》についても、御城使に付き添う手当として二両二分が加増されている。さらに注目されるのは退職手当である。御城使を務めたキャリアは上臈や老女の退職手当に大きく反映していた。同じく三〇年以上、上臈や老女を務めた者同士で、二割近くの差があったのである〔畑二〇〇九〕。御城使の任務が重要視されていたことの証《あか》しである。

役方女中による分掌と協働　大奥勤めに関わる御城使の任務は、登城する上臈・老女に加えて、役女《やくじょ》系列の女中が分掌し、協働する体制が組まれていたことも注目される。

仙台藩伊達家の「御奥方格式」には、「一役切小役係り等之事《ひとやくきりこやくかかり》」のなかで、表使《おもてづかい》・御右筆《ごゆうひつ》・御使番の御城使への関与を定めている。表使は「外様向」を扱う役職であり、江戸城大奥の女中と連絡をとりあうのが役目である。御右筆は御城使が大奥へ届ける書状や目録などを作成する。御使番は御右筆のもとで書状の整理をするほか、御城使の登城に随伴する役目がある。

実際の協力関係は事後の慰労の場面から知られる。伊達家で天保十二年（一八四一）二月二十八日、大御所家斉《いえなり》の没後四七日の法要儀礼を終えた際に、斉邦《なりくに》正妻の徽子《のりこ》は、御城使を務めた老女のほか、右筆之間と御使番を労い、金子《きんす》を与えている。登城を重ねた老女の小野田《おのだ》には銀子二枚が、これを支えた老女の多仲《たなか》には金四〇〇疋が下されたほか、右筆之間に詰める御右筆と御使番には「品々同断骨折」として合わせて金一両二朱が下された。登城する老女と控えの老女、および複数の御右筆や御使番で仕事を分担し、協力し合うことで、法要儀礼の任務を無事に終えることができたのである。

御城使のチーム体制は、次世代を育成する上で必要なシステムでもあった。登城は月に数度の定例の大奥勤めに加えて、内証勤めである慶弔儀礼での挨拶・献上が重なれば、月に一〇日以上に及んでいた。その都度、口上書と献物を用意・点検し、衣装や化粧・髪型などの支度を整えるのである。大奥の規式の礼法をわきまえ、粗相なく振る舞うための能力と努力も求められた。熟練した老女の指導のもと、表使や御右筆が実務を分担して協働する経験を積むことは、キャリア形成と昇進に繋がり、次代の御城使を再生産する基盤となったのである。

登城の隊列

御城使の登城は家柄を誇示する隊列が組まれていたことも注視される。仙台藩伊達家五代吉村《よしむら》が享保六年（一七二一）九月、奉行（他藩の家老に相当する家臣の最重職）の遠藤守信《えんどうもりのぶ》に宛てた文書（控）のなかに、これを知る情報がある（『伊達家文書之七』二五四八）。

吉村のもとに享保六年の夏のある日、幕府留守居の松前嘉広《まつまえよしひろ》と嶋田政辰《しまだまさたつ》が訪れた。このとき女中の衣服が話題にのぼった。伊達家の御城使の供廻りの衣装は他家に比べて質素であることを、島津吉貴《よしたか》（薩摩藩主）や浅野吉長《よしなが》（広島藩主）などが「結構成事」と述べているというので、吉村は松前・嶋田の両人に、他家の御城使はどのような様子かと尋ねたのである。それによると、御城使の登城にはいずれも、乗物《のりもの》・長刀《なぎなた》・挟箱《はさみばこ》・歩女《かち》を揃えているという。このうち御城使が使用する乗物は、蒔絵《まきえ》を施して、鍍金《めっき》の金具を打ち、外側には緞子《どんす》や繻珍《しゅちん》の覆《おお》いをかける豪華な意匠で、この前後に二荷一組の挟箱と、長刀などの道具類が揃えられていた。また、御城使には御使番が随伴するほか、歩女と呼ばれる女性の供廻りが何人か従ったが、その衣装は紗綾形《さやがた》の模様を織り出した縮緬地《ちりめんじ》を伊達染《だてぞめ》にした華やかな小袖《こそで》であるという。

大名の定例の登城日の行列は、江戸町人を中間《ちゅうげん》や足軽に雇用するなどして、多くの従者を揃え、権威の象徴として目立たせていたことは、よく知られている。これに対して、乗物・長刀・挟箱・歩女の隊列からなる御城使の行列も、規模は小さいながらも、大名当主や正妻の権威を誇示する隊列となっていたのである。

ただし伊達家の隊列は、他家とは異なる様相を呈していた。乗物は青漆《あおうるし》で仕上げられ、長刀や挟箱を従者に担がせることはなく、歩女の衣服も木綿地《もめんじ》を用いた地味な仕立てであ

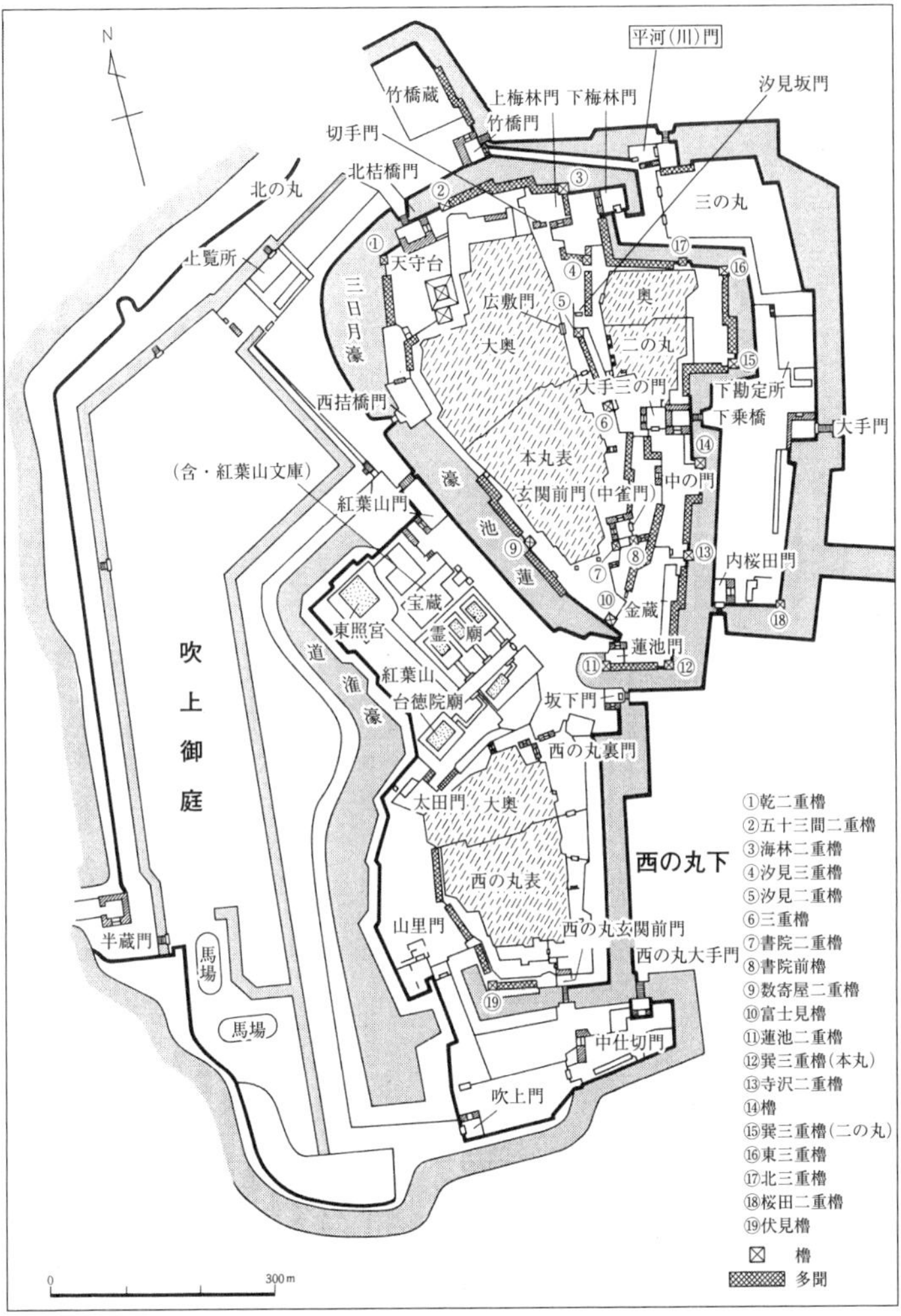

図12　江戸城本丸・西の丸殿舎・櫓配置図（『国史大辞典』第2巻，吉川弘文館，1980年より作成）

った。そのため、以前は江戸城の者たちから、見苦しいと嘲笑されることもあったという。だが、享保年間（一七一六〜三六）に吉宗による倹約政策が進むなか、伊達家の質素な供廻りは、にわかに称揚されるものとなった。

御城使の入城に使われたのは平川門《ひらかわもん》である（図12参照）。門を入って右手に上り、下梅林門《しもばいりんもん》、上梅林門を通ると本丸の大奥に達する。広敷門《ひろしきもん》から大奥の玄関へ入り、錠口《じょうぐち》を通って、大奥御殿向《ごてんむき》へと上がった。なお、平川門から広敷門までの経路は、大奥に書札を届ける男性役人たちが通行するルートでもあり、許可証となる門札の交付を受ける必要があった。こうして、平川門門前は、規模は小さいものの華やかな御城使の一行が定期的に行き来していたのであり、人目を引く光景をつくりだしていたものと推察される。

「大奥勤め」での登城

御城使は江戸城大奥で、どのように立ち居振る舞い、その役目を果たしていたのだろうか。「大奥勤め」の行事の全体を概観した上で、御城使の動きを追ってみよう。

大奥勤めの儀礼

安政三年(一八五六)「御規式之次第」に挙げられている大奥の行事・儀式の構造は、A年中行事、B「当日之御祝儀《とうじつのごしゅうぎ》」、C不時の献上儀礼の三つに大別される。

Aの年中行事は、一月は元日の「年始之御祝儀《ねんしのごしゅうぎ》」に始まり、七日に若菜《わかな》、三月は三日に上巳《じょうし》、四月は十五日に将軍家定の誕生日、五月は二日と五日に端午《たんご》の祝儀、六月は一日に氷室《ひむろ》之氷、十六日に嘉定《かじょう》祝儀、土用入《どよういり》に暑中御機嫌伺《ごきげんうかがい》が行われる。七月は七日に七夕《たなばた》、十五日に中元《ちゅうげん》があり、八月は一日に八朔《はっさく》、十五日に月見があり、九月は七日と九日に重陽《ちょうよう》、十三日に月見がある。十二月は十三日に煤納式《すすおさめしき》、二十一日と二十八日に歳暮《せいぼ》があり、この間の入寒の折に寒中御機嫌伺が行われる。行事は全部で一七を数えるが、二日にわたり登城がある端午・重陽・歳暮の祝儀は、事前に献物を届けて、当日は口上で挨拶を述べるのである。

以上のうち、年始は関連の行事と合わせて、一月六日まで連日続いた。元日は表11に掲載した人物の大半の御城使が召出されるが、一月二～六日までは、①将軍息女・養女付の御城使のみが登城する。一月十一日には、表向で「具足之御祝《ぐそくのおいわい》」と称して鎧兜《よろいかぶと》を飾る祝儀に対応して、大奥で祝儀が催されるが、同様に将軍息女・養女付の御城使のみが召出される。さらに四月十五日の将軍誕生日、八月十五日と九月十三日の月見も、将軍息女・養女付の御城使のみ登城する。

③御三卿（実際は御両卿）と②御三家の御城使は、これらを除いて、ほぼ全部の年中行事に登城しなければならない。御簾中には登城がない年中行事がある。④由緒1以下のグループの御城使も、登城しない行事がある。⑤由緒2のグループの御城使は、元日の年始、三月三日の上巳、五月五日の端午、六月の土用入り、七月十五日の中元、九月九日の重陽、十二月二十八日の歳暮、および寒中御機嫌伺が登城日である。

元日に催される「年始之御祝儀」は、「御規式之次第」によって、将軍および御台所が臨む儀式の進行と合わせて、御城使の動きが知られる。

年始之御祝儀

記述をもとにこれを再現してみよう。

元日に将軍は、表向で在府の諸大名から挨拶を受ける年頭御礼《ねんとうおんれい》の儀式を終えると、大奥御殿向へ入り、対面所《たいめんじょ》の上段へ着座して、祝いの膳に着く。その場で御台所と対顔し、年始の祝いを述べる。その後、大奥女中のうち上臈年寄が将軍へ熨斗《のし》を差し上げ、御台所に膳が出される。これが終わると、上臈年寄・老女をはじめ役方女中、およびお目見え以上の大奥女中は年始の御礼を述べ、右筆より上の女中には御流が下される。

続いて将軍は御座之間へ移り、祝いの食膳につくのであるが、このとき御台所付の女使と、「姫君方」（将軍息女と養女）付の御城使が召出され、それぞれの献物の目録を老女が将軍へ披露する。その後は次之間《つぎのま》で、大奥の上臈年寄・老女をはじめ、側向《そばむき》女中、および「姫君方」付の御城使、医師らに対して、雑煮・吸物の「御余《おあまり》」が下される。また「姫君方」付の御城使が運んだ献物が御座之間《ござのま》の御縁座敷《ごえんざしき》へ飾られる。上臈年寄・老女以下の大奥女中からの差上物は、二之間《にのま》の敷居外へ置かれる。

続いて、「御両卿方」「御三家方」「御簾中方」「加賀中納言始御由緒之方々」より遣わされた御城使たちが、御座之間へ召出され、大奥老女がそれぞれの献物の目録を将軍へ披露する。これが終わると、御城使には、大奥老女を介して「御使座敷《おつかいざしき》」で拝領物（鏡餅一餝一種ずつ）がある。その後、御台所は対面所で、大奥の上臈年寄・老女をはじめ役々のお目見え以上から御礼を請け、御流を下した。

以上の安政三年（一八五六）元日の祝儀を御城使を中心に整理してみると、登城したのは将軍息女・養女付六人と、御両卿とその御簾中付五人、御三家とその御簾中付七人、そして諸大名家では加賀前田ほか由緒1の大名付四人、由緒2の大名付三人、由緒3の正妻付一六人、将軍縁者（孫娘）付五人で、合計四六人である。

江戸城の表向では、元日から三日にかけて、大名が大広間で、家格により厳格に定められた座次で将軍に祝儀を言上し、祝いの酒を下され、これにより主従関係を確認し更新する儀礼が執り行われる。これに対して大奥御殿向では、元日に将軍家と縁戚関係にある限られた大名家の人々の御城使が登城し、仕える主人の使者として将軍と御台所に謁見し、献物を行い、拝領物を請けたのである。その役割は、主人と将軍家との由緒に基づいて、将軍および御台所への臣従が確認される儀礼に臨むことにあった。

当日之御祝儀　Bの「当日之御祝儀」は、江戸に在府中の大名が登城して将軍に拝謁する表向の「月次御礼」の行事に対応して、大奥で催される祝儀である。

大奥御殿向の御座之間において、御台所をはじめ、お目見え以上の大奥女中が将軍に謁見する。将軍と御台所が対座して当日の祝儀を述べた後に、大奥の上臈年寄・老女をはじめ、詰合の役女中のお目見えが行われる。その後に、姫君様方、御両卿、御両卿御簾中方、御三家、御三家御簾中方、加賀中納言始御由緒之方の順序で御城使が召出され、それぞれ祝儀を述べるのである。

この「当日之御祝儀」は、一月十五日に始まり、二月・三月・五月・九月・十月・十一月は一日・十五日・二十八日の三回あり、四月・七月は一日と二十八日の二回、六月・八月は十五日と二十八日の二回行われる。なお、⑤由緒3としたグループの御城使の登城はないが、ここに含まれる伊達家は毎度、「御書《おんしょ》を以《もっ》て仰《おお》せ上《あ》げらる」と記録があり、大奥に祝儀を記した奉文を届けていたことがわかる。おそらくこのグループは同様の対応をしていたとみられ、奉文は広敷向の男性役人により届けられたと推測される。

不時献上

Cの不時の献上儀礼は、④由緒1の人々と、⑧の人物が行う。いずれも将軍息女・養女を娶《めと》った大名当主、および後代の当主である。加賀前田斉泰についてみると、毎年三月頃、参府の節、十二月頃に、御城使が登城して献物を届ける。六月頃・七月頃・十一月頃は「溶姫君御伝」で献物を行う。これは斉泰付の御城使ではなく、斉泰正妻で将軍家斉の息女溶姫が登城するのに合わせて、献物を託したのである。前田斉泰の嫡子慶寧も四月頃に御城使で献物を行うほか、「姫君様御伝」で参府の節に献物を行う。

伊達慶邦の献物の中身をみると、土用前に天花粉《てんかふん》一箱・干金海鼠《ほしきんこ》一箱、七月頃に鈴虫一箱、十月頃に当座子《とうざこ》籠《こもり》鮭《ざけ》、寒前に貫之紙《つらゆきがみ》（雲母《うんも》を入れて地にした紙）・雪輪紋杉原紙《すぎはらがみ》一箱・鮭鮎一桶、十二月に塩瀬饅頭《しおせまんじゅう》一組・毫《ごう》一箱で、いずれも藩領で生産される名品である。このうち土用前・十月頃・寒前の献物は御城使によって届けられた。

献上の作法

五節句など定例の行事に登城する御城使の所作は基本的に変わりはない。

伊達家一二代伊達斉邦の正妻徽子が天保五年（一八三四）五月の端午の節句で大奥勤めを行った際の御城使の動きをみてみよう。

御城使の小野田は、まず五月二日に、将軍家慶《いえよし》への祝儀として、時服二領・干鯛一箱と目録（白木台）を大奥老女の花嶋へ届け、口上で祝儀を述べた。あわせて世子家定と広大院《こうだいいん》（一一代将軍家斉正妻寔子《ただこ》）への祝儀を同じく花嶋へ口上で述べた。この日は三者へ五月分の献物として一ノ宮（塩竈《しおがま》神社）の守札一箱も届けている。さらに大奥の将軍付女中へ金五〇〇疋ずつを進上した。これは季節ごとに送る付け届けである。五月五日の端午節句の当日、小野田は将軍、および家定・広大院に対する祝儀として老女花嶋へ口上のみ行っている。また、同年二月の将軍家の喪中により延期されていた上巳の儀礼もあわせて催されたことで、小野田は将軍へ干鯛一箱の献上と、家定・広大院に対して一通りの口上を花嶋を介して行った。

このように御城使は、将軍へ献上する品物とその目録を将軍付老女のもとへ届け、あわせて口上を老女に対して述べ、続いて世子・大御台所への口上を同じく将軍付老女に述べるのである。これに対して、老女から将軍の「仰せ」が述べられる。なお、本日の勤めに対して将軍から拝領物がある場合がある。また回数は少ないが、将軍・御台所への謁見が許され、上意を賜り、料理を頂戴することもある。最後に御城使はみずから礼を述べて大奥を下がり、帰館すると主人に報告する。

大奥勤めに派生した「内証御勤」での登城は、将軍家の慶弔行事、すなわち代替りや、出産・婚礼・葬儀・法事において、献物を行い、老女へ口上を述べ、その後拝領物があることもある。

登城の折の衣装・化粧・髪型にも触れておこう。年始をはじめとして年中行事の御城使の装いは、大名家で当日催される儀礼で上臈・老女に定められた礼装と変わりはない。伊達家の「御奥方格式」には「御城使衣裳《いしょう》附之事《づけ》」と題して、年始・上巳・端午・七夕・八朔・重陽・土用中・寒中の決まりを定めており、その内容から確認できる。このほか、忌中と法事、および正月・五月・九月に行う当主の献上儀礼の登城に関して規定がある。忌中と法事の御機嫌伺での衣装は、間着《あいぎ》（打掛の下に着る小袖）の上に、黄色か茶系色の打掛を羽織るものとされている。こうした色目が当時は服喪の姿を示していたことになる。眉《まゆ》は置かず、髪は髷《まげ》を結う。一方、御城使の供をする御使番の衣裳については、夏は晒《さらし》木綿地に家紋を書き付けたもの、冬は黒の絹地に家紋を染め出したものを着用する。御城使の一行はこうした衣装を整えて登城するのである。

芝口《しばぐち》の伊達家上屋敷から、御城使が入城する平川門までの距離はおよそ一〇キロである。乗物の時速を五キロとして、御城使は毎度、往復四時間を正装で座り続けなければならない。これだけでも難儀な仕事である。体力の限界を理由に役目の交代を願い出る年齢があったに違いない。

御台所謁見でのハプニング

御台所に謁見して直接、挨拶を述べることもある御城使は、ときに思いがけない事態に直面していた。幕末に伊達家の御城使に生じたハプニングを仙台藩士であった小野清《おのきよし》（一八四六―一九三二）が祖母から聞いた話として書き留めている（『史料・徳川幕府の制度』）。清の祖母は、一三代慶邦のもとで筆頭老女（原文では「主席老女」と表記）を務めていた歌嶋である。

話は弘化・嘉永年間（一八四四〜五四）の頃とされている。伊達家で御城使（原文には「公儀奥女使」と表記）を務める老女某が、御台所の御前に出仕し、御簾《みす》を隔ててお使いの旨を言上した。大奥老女が応対し、中臈《ちゅうろう》ほかの女中も列座していた。たまたま御台所からお尋ねのことがあり、御城使の老女某は、「唯々（うんない）」と返答した。これは仙台方言で「唯々（はいはい）」という意味であったが、御台所をはじめ老女以下の女中もこの言葉の意味を理解できなかった。御台所は再度尋ねたが、伊達家の御城使は返答に窮して、赤面し恐縮するばかりであった。しばらくして、御台所から「陸奥殿には、よくわかる者を差し出されるように」と内旨があった旨を伝えられたので、御城使は恐れおののいて退出し、急いで藩邸に戻り、次第を報告した。事は重大であり一刻の猶予も許されない。この判断のもと筆頭老女の歌嶋は、藩主慶邦の命を受けて、「通り御判」を携帯し駕籠《かご》を飛ばして、深夜に大奥に登城した。伊達家担当の大奥老女と会い、御台所のお尋ねの旨を承り、これにより円満に解決することができたという。

この逸話は、幕府が発給する「通り御判」と呼ばれる通行証の威力を語る「夜中城門通り御判の事」の一節のなかで紹介されている。伊達家上屋敷から江戸城平川門までは、時速六キロで駕籠を走らせても二時間近くかかる。御城使の老女某が大奥を退出して藩邸に戻り、その報告に基づいて対応の判断がなされ、歌嶋が出発の準備をする時間を勘案すれば、到着は暮れ六つ時の江戸城大奥の門限には間に合わない。だが、深夜であろうと城門を通過させる「通り御判」の効果がどれほどのものかが、この一件で証明されたのである〔福田二〇一一〕。

小野清は弘化・嘉永年間（一八四四〜五四）の出来事として書き留めているが、これは記憶違いである。当時は一二代家慶と一三代家定の治世であるが、御台所と呼ばれた将軍正妻は不在の時期である。御台所の存在を前提に逸話を検証すれば、家慶の正妻楽宮喬子《さざのみやたかこ》が存命であった天保十一年（一八四〇）以前、もしくは家定が三人目の正妻として近衛忠煕《ただひろ》の養女敬子（天璋院）を迎えていた安政三年（一八五六）十二月から安政五年七月までの出来事となる。歌嶋が伊達家の筆頭老女であった時期を合わせれば、後者の年代が該当する。伊達家は慶邦の後妻に水戸徳川斉昭娘の孝子《たかこ》を迎えていた時期に当たる。

御城使の言葉の壁

御城使を担当した老女某に話を戻そう。御城使は立ち居振る舞いや口上の練習を積んだ老女が務めていたはずである。口上は型通りの言葉であるので、落ち着いて臨めばまず問題はない。大奥では接待役の女中への挨拶を含めて、不用意な言葉を発しないことも心得ていたことだろう。ところがこの日、御台所は老女某にとっては想定外の声掛けをしたのである。二〇年ぶりの御台所である敬子は、伊達家の御城使に聞きたい話があったのだろう。老女某にとってみれば、不運なことであった。極度の緊張感のあまり動揺して思わず方言の訛り言葉を発してしまった。これは御城使としては、粗相を問われても仕方のない不祥事である。

この老女は、仙台藩士の娘であったとわかる。江戸上屋敷で老女まで出世しながら、仙台訛りを克服するのは容易ではなかったのである。御城使は当主の正妻がいる時期には、正妻付の上臈が担うことが多かったが、一一代斉義《なりよし》・一二代斉邦の時代は仙台城で生まれ育った藩主の娘が正妻となり、上臈は不在で老女のなかから数名の御城使が選任されていた。一三代慶邦は弘化元年（一八四四）四月に近衛忠熈の養女備子《とみこ》を正妻に迎え、備子付の職制に上臈のお千佐がいたが、嘉永五年（一八五二）に備子が死去すると、上臈は再度不在となった。安政三年四月に慶邦が水戸徳川斉昭の娘孝子を後妻に迎えた際、奥方に上臈が復活したが、前述したように（六二〜六四頁）、同年十二月に孝子付の上臈に問題が生じ、斉昭の申し出があって、以後は上臈を置かなくなっていた。つまり伊達家の御城使は、一一代斉義が襲封した文政二年（一八一九）以降、老女だけで担当する時期が長く続いていたのである。この流れからすれば、仙台生まれの老女にとって、仙台訛りを直して江戸言葉を身につけることは、御城使の大役を務めるために必須の要件とされていたことになる。だが老女某のように、思うように慣れない者がいたのである。

とはいえ、御台所の指示を受け止めれば、伊達家は以後、訛りが残る老女を御城使に任じることはなかったであろう。この一件は、老女たちに言葉の壁を意識させる痛い経験として刻まれたはずである。より高い緊張感をもって役目に臨む覚悟を持たせたものと思われる。

筆頭老女歌嶋の経歴

歌嶋は仙台藩士小野家の出自である。多仲の名で文政十二年（一八二九）に遡って老女としての経歴が知られる。当時は沢井・篠原に続く三番手であった。天保十二年（一八四一）には筆頭老女の篠原と二人で正妻徽子の手習いと和歌の相手を務めるなど、教育係としての役目も担っている。同年八月、一三代慶邦の襲封時に、老女は篠原を筆頭に多仲・亀尾《かめお》・音羽《おとわ》・小野田（十月に絵川と改名）の五人体制となり、御城使は多仲と音羽・小野田が務め、多仲は後輩老女の御城使を指導する立場にもあった。弘化二年（一八四五）一月に多仲は筆頭老女となり、亀尾・音羽・絵川と四人体制のなか、同年十二月二十七日に歌嶋と名を改める。こうして安政三年（一八五六）の時点で歌嶋は老女として二七年、筆頭老女として一一年に及ぶキャリアを積み上げていた。後輩老女が引き起こした一大事を陳謝に上がる役目は、このキャリアに基づいた慶邦夫妻の信任によって託されたのである。

歌嶋は慶邦から、役目を大儀に思召すとして褒賞され、時服と金三両を賜った。拝領した時服は沙綾黒地《さやくろじ》葵《あおい》御紋附《ごもんつき》一重《ひとえ》であったという。

非公式ルートの交渉

奥向の交渉チャネル

御城使は大奥勤めの使者となる本務に加えて、将軍家と大名家の間で交渉や内願の取次ぎを担うことがあった。大名家の表向で留守居役が担当した当家と幕府との連絡や交渉における取次を表向ルートと位置付ければ、御城使が担った取次の役目は奥向ルートと位置付けることができる。薩摩藩島津家の歴代当主は、官位昇進をめざして、たびたび御城使を大奥へ派遣し、献物を行っていたことが知られている〔松崎二〇一二〕。津山藩松平斉民《なりたみ》（一一代将軍家斉男子）が行っていた加増の内願も、斉民付の女中の筆頭で御守女中の園川《おもり》が御城使を務めることにより達成された〔畑二〇〇九〕。これらは奥向ルートを機能させた一例である。大名が望む官位昇進や加増は、表向から将軍家へ願うことを許されなかったので、賄賂を使い内願する先として江戸城大奥は重要な窓口であった。内願は御城使を置く大名家のみが可能な行為であり、御城使は大名家の内願の達成に重要な役目を果たしていたのである。

奥向ルートを担う御城使の使命は、大奥老女に対面し、主人から将軍への言上を伝え、大奥老女の語る将軍の言葉を漏らさずに聞き取り、帰館してこれを主人に伝え、返答を受け取って再度登城し、老女に将軍への言上を託すことにある。作法に沿って口上と献物を粗相なく行う大奥勤めとは異なるレベルで、慎重と緊張を要する役目である。ときには自身の判断で説明を求められる場面があったことも想定される。その役割は、表向ルートを担う留守居役に相当する重責があったといえる。

将軍家の縁組と奥向ルート

御城使が奥向ルートとして機能した案件の一つに、将軍家と大名家の縁組がある。八代将軍吉宗の二人の養女の縁組をとりあげて、御城使の果たした役割をみてみよう。吉宗は、養女の竹姫を薩摩藩島津家へ、利根姫（温子）を仙台藩伊達家へ嫁がせたが、それぞれ縁組の公表に至るまで、大奥老女と御城使を取次役として交渉が進められた。将軍家と大名家の縁組交渉は、将軍の意向を受けた幕府老中を軸に、幕府留守居が大名家との連絡役を担うのが公式の手続きである。このルートとは別に御城使が動く奥向ルートが起動された背景には、それぞれ事情があった。

吉宗が養女竹姫の縁組相手に選んだのは、島津家五代継豊である。享保十四年（一七二九）四月、吉宗の縁組の内意を伝えるため、継豊のもとに老中松平乗邑《のりさと》が派遣された。だが継豊はこの縁組の承諾を渋った。そこで吉宗は、江戸城西丸の大奥にいた天英院《てんえいいん》（六代将軍家宣《いえのぶ》正妻熙《ひろ》子）を頼みとする。天英院の甥の近衛家久《いえひさ》は継豊の叔母である亀姫（島津綱貴《つなたか》娘）を正妻に迎えており、島津家と天英院は姻戚関係にあって、通じていたからである。天英院は老女の秀小路《ひでのこうじ》を介して、継豊の実父島津吉貴《よしたか》の正妻福姫の御城使を務める佐川を呼び出し、事の次第を伝えた。佐川はこれを福姫へ伝え、福姫から吉貴へ話が伝えられ、吉貴が継豊の説得にかかった。吉宗は、老中を使者とする表向ルートの交渉が機能しないことを察するや、次の一手として、西丸の天英院を頼り、天英院付老女と島津家の御城使をパイプ役とする奥向ルートを起動して、継豊を説得する方策を講じたのである〔松崎二〇一二〕。

結果として継豊は縁組を了承する。吉宗にとっては、大奥老女と島津家の御城使を介した交渉が功を奏して、同年六月に公式に縁組の台命を下すことができたのである。同年十二月に婚礼が執り行われている。

御城使の佐川は、縁組の成立に貢献したことにより、後日天英院に目見えて拝領物を頂戴する栄誉に預かっている。

伊達家の御城使が担った奥向ルート

吉宗の養女利根姫（温子）と伊達家五代吉村の世子宗村との縁組交渉では、吉宗付の大奥老女外山と、伊達吉村・正妻貞子（冬姫《ふゆひめ》・長松院《ちょうしょういん》）夫妻の御城使を務める上﨟おかせが、将軍家と伊達家を取次いだ〔松崎二〇一二、柳谷二〇一三〕。おかせの役割は、享保九年（一七二四）三月の節句の祝儀で登城した折に、外山に呼び止められたことに始まる。実は伊達宗村の縁談は前年の享保八年秋に、利根姫の実家である紀伊徳川家との間に持ちあがり、吉宗の内意を受けた幕府老中水野忠之《みずのただゆき》の指示により、幕府留守居の松前嘉広が、伊達家と紀伊徳川家の取次を開始していた。これに対して翌九年三月、吉宗は、利根姫をみずからの養女とする将軍家との縁談に変更したのであるが、この吉宗の意思を吉村夫妻に伝え、承諾の返事を得るために、外山とおかせを伝達役とする奥向ルートが起動されたのである。なお、幕府留守居は老中の支配に属し、大奥の取締りや通行手形の管理を所管する役職である。

吉宗が奥向ルートを使った背景には、利根姫を紀伊家から将軍家へ引き取るのに支障が生じ、そのため吉村夫妻に縁組の変更を知らせる時期が遅れて、内諾が遅延することが懸念された事情があった。もう一つ、前年に紀伊家と伊達家の縁談を進めながら、これを即座にまとめられなかった老中水野忠之と留守居松前嘉広による交渉ルートを、ただちに将軍家の縁談交渉に使うことが憚られたと推測される。

伊達吉村は、藩財政が困窮するなか、御三家の紀伊家との縁談は過分であるとして、これを望まなかった。だが、将軍家との縁談は家の名誉であり異存はないとする考えを示し、受諾する。伊達家に縁組の内定が伝えられたのは、二年後の享保十一年二月十九日である。利根姫を江戸城に引き取るのになお期間を要して、正式発表は先の事となるが、決定の上意は確かであるとする内容で、幕府留守居の松前嘉広を使者として伝えられた。この日は同時におかせが、三月一日に吉村夫妻から御城使で将軍へ肴一折、十五日に西丸の天英院へも同様の祝儀の献物を行うように、外山を介して吉宗の指示を伊達家に伝えている。内証勤めを促すことを含めて、より詳細で具体的な指示が、おかせを介して伊達家に伝えられたのである。縁組の正式な公表は、享保十八年まで約一〇年を要し、この間に吉宗の内意とその受諾の伝達が繰り返されている。将軍家と伊達家を繋ぎ続けた御城使おかせは、縁組を実現させた陰の立役者といえるのである。

上臈おかせの出自と経歴

伊達家の上臈おかせの出自は公家の娘と伝えられている。おそらく五代吉村の正妻貞子の婚姻に際して養家の久我家で揃えた女中の一人かと思われる。吉村夫妻の時代の御城使は、ほかに中津・春野・梅をかがおり、おかせは先代三人の御城使チームの一員としてキャリアを積んでいたのだろう。後に奥女中最高位の上臈御年寄に昇進し、名を山の井と改めた。将軍家との縁談の成立に貢献した役割を評価されたことは確かであろう。

ただし山の井は、その後の不名誉な経歴が伝えられている。「御奥方格式」で奥女中に対する「他人御預《たにんおあずけ》」の処罰に触れた箇所に、「御城使相勤、公辺之儀に付不都合之品々」があって、江戸から仙台へ下向させ、伊達家の重臣石母田長門《いしもだながと》興頼のもとに預けられたと記されている。不祥事の詳細は知られないが、御城使として江戸城大奥と行き来するなかで何か規則に反する行為を引き起こしていたのだろう。こうして江戸屋敷から追放され、遠く藩領仙台で生涯を終えた。

奥向ルートの機能

ところで、将軍家の縁談交渉で御城使が担った伝達ルートと、幕府留守居の担った伝達ルートの機能の違いを知る話が残されている。

伊達家に対して享保十一年（一七二六）二月十九日、大奥老女の外山から御城使おかせを介して、将軍吉宗の意向が伝えられたことは前述した。このなかで、おかせが伝えた吉宗の言葉のなかに、「只今迄ハ女中取替《とりかわす》計《ばかり》にて候間、陸奥守《むつのかみ》夫婦下中《かちゅう》者《のもの》迄、無心元可存候《こころもとなくぞんずべくそうろう》、仍而《よって》今日御内々、上使《じょうし》心《こころ》ニ伊豆守《いずのかみ》被遣候、定而可申談候」とあった。すなわち、縁組の指示はこれまで大奥老女と御城使の二人の女中が取次いできたが、内定を知らせる手段として女中を介した伝達では、伊達家の当主夫妻や家中の者たちに不安を抱かせかねない。そこで内々に上使、つまり将軍吉宗の使者の心づもりで幕府留守居の松前嘉広を派遣するので、しっかり話し合うことができるだろう、といわれたのである。

大奥老女と御城使による情報の伝達や取次は、幕府留守居による伝達や取次と異なり、非公式の通信ルートである。公表できない段階の情報を内々に大名に伝え、交渉を進める手段として便宜に使用され、実際に御城使のおかせは吉宗が期待した役割を十分に果たしていた。つまり非公式の通信ルートとして、御城使による奥向ルートの機能は十分に発揮されていた。だが、縁組の内定を知らせる方法として、情報の公式性が担保されない奥向ルートの使用は憚られた。そこで吉宗は、幕府留守居を上使の役割で伊達家に派遣したのである。ここに奥向から女中が担う非公式の伝達ルートと、幕府留守居が担う公式ルートの双方が起動される必然性がうかがえる。

ただし、伊達家との縁組は享保十一年当時、内定したとはいえ、台命を下すまで、なおしばらく調整すべき事柄が控えていた。利根姫をいまだ江戸城に迎えられずにいたからである。そこで吉宗は、松前嘉広を将軍の正式な使者の立場とはせずに、これに準じた立場として派遣した。伊達家の側がこれを承知して対応していたことは、当主の吉村が松前と対面した場所が、藩邸で通常、表向ルートで上使の伝達を受ける際に使用する表向空間の「上使之間」ではなく、奥向奥方の広敷向に設けられた「上使之間」でもなく、奥向表方にある吉村の御居間であったことに表れている。

御城使と男性家臣との協業

御城使が担当する大奥勤めには男性役人が加担する場面があった。大名屋敷のジェンダー空間を超えて、協業して任務を遂行したのである。そうした様相を鳥取池田家と仙台伊達家でみてみよう。

鳥取藩池田斉衆の御城使

鳥取藩池田家八代斉稷《なりとし》は文化十四年（一八一七）、将軍徳川家斉の一三男斉衆《なりひろ》（一八一二―二六）を世子に迎えた。斉衆は元服前の文政五年（一八二二）、自身の由緒に基づいて、江戸城大奥へ御城使を遣わして挨拶と献物を行うことを許された。また同年の歳暮から表向での献上も開始した。斉衆の御城使を務めたのは、江戸城大奥から付き従った奥女中のうち、御守の幾岡と浦島である。御守とは元服前の子息に付けられる養育担当の用務である。次女中五人が配下におり、女中名からしても二人の役職は老女であろう。

斉衆の御城使は、江戸城大奥で催される定例の儀式に交代で登城したが、上文や請文、礼文の作成を含めてその実務を担ったのは、小取次《ことりつぎ》とも呼ばれた男性役人の勤役である。献物については、当主の斉稷から奥向の男性役人である守役に対して、物資を調達する表向の賄方《まかないかた》と連携し表向の留守居・勘定吟味役《かんじょうぎんみやく》へも相談するように命じられた。実際に留守居がこれを準備していたことがわかる〔福田二〇一八〕。つまり献物は表向・奥向で統合する方法が採られた。幕府に対して表向から行う公式の献上儀礼のシステムに組みこまれ、表向で儀礼の準備を担当する役人の掌握のもとに置かれたのである。

ただし、大奥勤めにおける献物の準備は本来、女中が所管する仕事の一つである。たとえば紀伊徳川家では、一一代斉順《なりゆき》の時代、贈答に用いる魚など生鮮品の調達は、奥女中の「御右筆間」が一手に担っている〔山下二〇一一〕。斉衆の大奥勤めで献物の準備をはじめ、男性役人が実務を担当していたのは、斉衆が元服前の一一歳の少年で、奥女中の組織に役方の実務を担う女中が不足していたからであろう。斉衆付の奥女中は、幕府から守役となる老女二人と次女中五人が付けられたほか、池田家から当主付と兼職の老女と、側・三之間《さんのま》・中居《なかい》・使番・半下《はした》などが加えられた。守役を務める老女の配下に側廻りの役職と、下働き専従の女中が置かれただけの構成である。これは元服前の世子に付属する女中組織として基本の職制であるが、将軍の子息として行う大奥勤めに対応するには不十分な体制である。そのため、成長して本来の女中組織を整備するまでの当分の措置として、勤役を中心に男性役人が御城使の仕事の一部を分掌する対応が採られたのである。

上使の応接における協業

一方、歳暮には、大奥勤めを行う大名や正妻に対して、将軍とその家族から上使を派遣して拝領の品が届けられた。これは大奥勤めと互酬の関係で執り行われる儀礼であるが、ここに男性家臣が加担している。

文政五年（一八二二）鳥取藩池田斉衆に対して、将軍御台所から拝領物を届ける上使が派遣された。この儀式に御城使の姿はなく、任務のすべてが奥向・表向の男性家臣により担われている〔福田二〇一八〕。斉衆が元服前の若年の身であることで、拝領の儀式は池田家の分家で西館当主であった池田定保《さだやす》を名代に立てて行われたからである。斉衆自身は「御勝手《おかつて》」の「表御居間《おもておいま》」に居り、よって斉衆の御城使に出番はなかった。

それでは、通常の拝領の儀式に際して、御城使と男性役人はそれぞれ、どのような役割を担い、連携していたのだろうか。天保十二年（一八四一）に仙台藩伊達家の栄心院（一二代斉邦正妻）と真明院《しんめいいん》（一一代斉義正妻）に上使が派遣された際の様子をみてみよう（「栄心院様　天保十二年十二月小御記録」）。

栄心院と真明院には同年十二月二十一日、将軍家慶および広大院から歳暮の拝領物があった。儀式は奥向奥方の広敷向にある「上使之間」で執り行われ、将軍から長綿一〇〇把と干鯛一箱、広大院からは白銀一〇枚と干鯛一箱が贈られた。上使は江戸城大奥広敷番頭の中沢主税助《なかざわちからのすけ》が務めている。

上使の出迎え

儀式の流れと担当をみていこう。まず上使の来訪に先立ち、拝領の品が届けられた。御歩組《おかちぐみ》が奥方の門から奥方の玄関までこれを誘導し、使者之間の前に運んだ。ついで小姓組《こしょうぐみ》がこれを上使之間へ運び、床へ順々に置いた。御客座《おきゃくざ》敷《しき》では、奥老が「御取持之御方様」へ挨拶し、当主の慶邦は親類方と対面した。「御取持之御方様」とは、伊達家が御用頼《ごようだのみ》としていた大名二人（脇坂淡路守安宅《わきさかあわじのかみやすおり》・堀田左京亮正《ほったさきょうのすけまさ》衡《ひら》）と旗本《はたもと》二人（今井帯刀《いまいたてわき》・井上又次郎）の四人である（以下、御取持と記す）。

上使が到着すると、奥方の門の外に奉行（他藩の家老に相当）・奥老《おくろう》・公義使《こうぎし》（他藩の留守居に相当）が並んで出迎え、公義使が上使に役人の名前を披露した後、奥方の玄関まで案内した。このとき、中門の外の南側に若年寄《わかどしより》・出入司《しゅつにゅうつかさ》・小姓頭《こしょうがしら》・目付《めつけ》が控え、中門の内の御白洲《おしらす》の南に番頭格《ばんがしらかく》以上・詰所《つめしょ》以上の家臣が控えた。

当主の慶邦は、玄関の式台《しきだい》の板の間でみずから上使を出迎え、御取持の四人は玄関の薄《うす》縁《べり》で、「御客様方」（親類を指すか）は式台上で、それぞれ上使を出迎えた。若年寄が先導し、小姓頭と刀番・小姓組がこれに続き、慶邦が案内をして、中沢に上使之間で着座を促した。ここまで出迎えと案内を担当したのは、奥向・表向の男性役人である。

拝領の儀式は上使の中沢主税助、御城使を務める老女、当主慶邦が臨席して催された。御城使は御取持に案内されて上使之間へ入り、もう一人の老女が控えとして入室した。上使の中沢は、将軍と広大院からの拝領物の目録を御城使へ渡し、御城使はこれを慶邦へ差上げ、慶邦は目録を御城使へ戻した。ついで、慶邦は拝領物を直接受け取り、これを次之間へ移した後、みずから奥方の奥（御殿向）へ入り、栄心院のもとへ届けた。栄心院は、奥方の錠口内部の御殿向にあって、慶邦を介して拝領物を受領した。

拝領の儀式の進行

この間に上使之間では、刀番が上使へ長鮑を差し上げ、大小姓が煙草盆を、奥小姓が御茶と菓子を出して上使を接待している。続いて親類方が上使之間へ入り上使と対面し、親類からの使者も御取持の御方の紹介で召出された。その後、御城使が御取持に従い上使之間へ入り、栄心院から将軍と御台所への「御請」の旨を上使に伝えた。その後再度、御取持に従い御城使が入り、上使へ拝領物の吹聴と来訪を労う栄心院の言葉を伝えている。

儀式の終了後、当主慶邦をはじめ、出迎えと同じ態勢で上使の見送りをし、公義使が奥方の門の外まで案内して送り出した。上使の帰城後、上使之間では来客の親類大名に料理と酒・菓子が振る舞われたが、これは広敷番頭が差配し小姓組が給仕をしている。この場で御城使は、来客へ栄心院からの謝辞の言葉を伝えている。来客の出立に際して、奉行が儀式の無事の終了を伝える挨拶を行った。

以上、拝領の儀式の流れのなかで、家臣最高位の奉行は、上使の出迎えと見送りで挨拶をし、来客が帰る際には儀式の無事終了を告げるのが役目である。表向の交渉役である公義使が奥方の門内での案内と見送りにとどまり、奥方の建物に入らないのは、奥方の儀式に関与する立場にないからである。表向・奥向双方の主要な役人が上使の出迎えと見送りに立ち会ったのは、大名家として将軍の上使を迎えるうえでの公的な応接の体制である。一方、上使をはじめ来客の案内・給仕などの接待と警備は、すべて当主の側廻りを務める表方の役人、および奥方の広敷向で事務と警備を担う役人が担当した。それぞれ持ち役に対応する任務を分担して仕事に就いたのである。

拝領の儀式での御城使

さて、拝領の儀式における御城使の役割を整理しておこう。

第一に献物の目録を将軍上使から当主へ請け渡すこと、第二に将軍と広大院から拝領物を頂戴した旨の栄心院の「御請」の言葉を上使に伝えること、第三に上使への労いを述べる栄心院の言葉を上使に伝えること、第四に儀式終了後の宴席において来客へ栄心院の礼の言葉を伝えること、この四点である。つまり、将軍と広大院から栄心院への拝領物の授受に介在して、主人である栄心院の言葉を将軍上使、および来客に伝えるという、栄心院の使者としての役割を不足なく果たした。御城使とその控えの老女以外、奥女中に対して接待に関わる役割はいっさいない。これは儀式の場が男性役人の取り仕切る奥方の広敷空間であったからである。

拝領の儀式を終えた後の関係各所への挨拶の分担もみておこう。江戸城本丸・二の丸の老中のもとへは表向の武頭《ぶがしら》が、世子の御用人衆と本丸・二の丸の若年寄衆・御留守居衆へは表向の江戸番馬上《えどばんばじょう》が、それぞれ栄心院と慶邦からの謝辞を述べる使者となった。上使を務めた中沢主税助のもとへは広敷番頭が使者となり、栄心院からの進上として銀子一〇枚・干鯛一箱を届けた。そして老女の多仲は、御城使として江戸城大奥へ上がり、将軍付老女の梅田へ口上で、将軍・世子・広大院・世子御簾中への栄心院の謝辞を伝えている。

歳暮の拝領物の受領はこのように、御城使が使者・取次の本務を果たし、表向・奥向の男性家臣はそれぞれ職務に基づいた役割を分担分業して遂行された。伊達家を例にとりあげたが、大奥勤めを行う大名家は、いずれも同様の協業体制が採られていたことを推測できる。大名家において御城使が大奥勤めの使者や奥向の取次として、表向・奥向の男性家臣と協業する姿は、御城使が藩邸の官僚機構のなかに位置付けられる存在であることを示すものであろう。

老後と名跡立て

老いても働く

奥女中には生涯独身で奉公を続ける、いわゆる〝一生奉公〟のイメージがある。だが実際には、結婚のために暇《いとま》を取る者がおり、病気や家族の事情で辞職する者もいた。主人の死去に伴い、人員整理によって職制が解かれるなか、勤続年数が少なくとも退職を言い渡される場合もあった。

長寿化の進行

一方、三〇年、四〇年にわたる奉公を続け、高齢になっても現役で活躍する女中は少なくない。一九世紀前期には、勤続五〇年、六〇年となり七〇歳を超え、さらに八〇歳を超えて現役を続ける老女が確認される。史料の記載から年齢を知る目安として、男女ともに、「老年」や「老体」とあれば五〇代から六〇代であり、「老衰」とあればおおよそ七〇代である。八〇代以上は「極老《ごくろう》」と記される。

高齢で現役を勤める藩士や奥女中が少なからずいた背景には、江戸時代の長寿化の進行をみておく必要がある。二五〇年にわたり大きな戦乱がなく、飢饉や災害はあっても、おおむね泰平の世が続いた江戸時代は、社会全体の生産力が上がり、医療の恩恵にあずかることで、一八世紀以降、長寿の可能性が身分・階層・性差を超えて拡大し、六〇歳以上まで生きる者の割合が増加していた。九〇歳・一〇〇歳まで生き延びて領主から表彰される例も全国でみられるようになる。武家社会には定年退職の制度はなく、武士は隠居に厳格な規制も加えられていた。これは主君に対して奉公義務を負う当主の地位を、みずからの意思で退くことはできなかったからである〔大藤一九九六〕。隠居の許可年齢が法制上に定められていた藩でも、六五歳・七〇歳と概して高齢である。高知藩・鳥取藩のように原則として隠居を認めない藩もあった。そのため、隠居を願い出ても差し止められて長期の奉公が続いた藩士の例は珍しくないが〔柳谷二〇〇七〕、奥女中も同様であった。紀伊徳川家の人事記録である「附込帳《つけこみちょう》」から奥女中の勤務を考察した松島由佳氏によれば、当家では八〇歳以上の年齢か、もしくは五〇年以上の勤続が「御役御免」として引退を許される目安であったという〔松島二〇一五〕。藩士の場合も八〇歳が老衰を理由に「御役御免」を申し出る年齢であったので、同じ基準が定められていたものだろう。

役職最高位の老女《ろうじょ》に就く年齢は、おおむね四〇代後半から五〇代である。文字通り老年、

図13　楊洲周延『千代田の大奥』（国立国会図書館所蔵）

もしくはその入口まで長くキャリアを重ねた者が抜擢される老女は、表向の役職トップである家老が家柄を背景に三〇代で就任する例があるのと、大きく異なる。老女をはじめ年功を積んだ奥女中に対して大名家は、仕える主人が存命のうちは、高齢を理由に引退を迫ることはなく、健康であれば老練の仕事の継続を期待したのである。

明治半ばに江戸城大奥を描いた浮世絵であるが、楊《よう》洲《しゅう》周延《ちかのぶ》（一八三八―一九一二）による『千代田の大奥』には、威厳漂う老齢の老女の姿がみえる（図13）。正月行事の一つとして画題とされた「かるた」の右端に、眼鏡をかけて読み札を手にした白髪の女中がいる。これは大奥に実在した老女がモデルであろう。地味な色目ながら総模様の打掛《うちかけ》を羽織り、白髪で結い上げた髷《まげ》に鼈甲《べっこう》の大きな笄《こうがい》を差して、凛《りん》とした表情で札を読み上げている。老齢の老女は描かれるべき存在としてモチーフにされたのである。大名家の奥向奥方も、熟練した老女と、経験は浅いが行動的な若い女中たちが、補い合う関係で運営されていたことを推測できる。

宿下りと復帰

老いの身を抱えて働く奥女中、とくに老女に対して、大名家はさまざまな配慮を施している。その一つに、宿下りにより休養する期間を与えたことがあげられる。盛岡藩南部家《なんぶけ》の事例からみてみよう。安永九年（一七八〇）九月二十六日、盛岡城本丸の奥方《おくかた》（史料では「御本丸御末」）に勤める老女の松野は、「老年」を理由に宿元で休息すること、これにより一生三人扶持《ぶち》と一ヵ月一貫文の雑事代を支給することを申し渡された。ただし当年暮から来春までに再度、勤務を命じる可能性があるので、心得るようにと伝えられた。実際に松野は、十月七日に目付《めつけ》から一生三人扶持を下す永代証文を渡されていたが、翌天明元年（一七八一）四月二十九日に再度の出仕を果している。五月七日には新たな待遇として、一ヵ年に金六両二歩と四季施、および一ヵ月二人扶持の中白米と銭一貫五〇〇文の雑事代の支給を提示され、先に永代証文をもって下された一生三人扶持・雑事代一貫文は勤務中支給しない旨を伝えられた（『盛岡藩家老席日記　雑書』三〇）。

文政九年（一八二六）三月二十四日には、先々代から数十年にわたり当家に仕えて「老体」となった老女の千代瀬と花野が、暇を請願して許され、千代瀬は一生五人扶持、花野は一生二人扶持を給付されることになった。千代瀬は以前に何度か病気をしていた事情があってか、「家元」（宿元）の松井忠之進《まついちゅうのしん》のもとで隠居を許されたが、花野は翌十年三月に玉井と改名した上で再度召出され、一生扶持の返還を命じられて、老女に復帰する。同年十二月二日には、数十年に及ぶ勤功と、老年ながら御用向に万端心を用いる出精ぶりを賞され、「家元」の太田与六《おおたよろく》に対して、永く組付《くみづき》の身分とすることが申し渡されている（同前、四四）。その後玉井は天保三年（一八三二）まで、藩主の参勤交代への随行を命じられ、江戸屋敷と国元の双方で仕事に就いている。二年後の天保五年五月には大年寄に昇進した。「多痛」のためいっとき、老女の津山が配属を代えられて玉井の補佐に就いていたが、玉井はなお大年寄として奉公を継続し、天保八年三月にはその出精を賞され、「家元」の太田与六に五人扶持が加増された（同前、四八）。翌四月には住の江への改名を言い渡されて現役が続いている（同前、四九）。文政九年にいったん「老体」で暇を認められていた経緯からすれば、このとき七〇歳は超えていたとみられる。

松野と花野（玉井・住の江）の例からすれば、南部家では、高齢となった老女に半年から一年程度の休暇を与え、その期間は年金に相当する一生扶持を給付して生活を保障した上で、再度の出仕を命じて勤務を継続させていたのである。一度支給した一生扶持を返還させせて新たな俸禄を与えたのは、現役を続行させたことになる。宿元で休養させる措置は、勤務を継続させるために採られた方策であったといえよう。

二つ目に、高齢で働き続ける奥女中は湯治療養の休暇を認められることがあった。

湯治と復帰

湯治を男性家臣に認めていた藩は少なくない。秋田藩では藩士の休暇の規則を定めた「御《お》暇式《いとましき》」(秋田県公文書館所蔵)のなかに、「湯治御暇」として日数などの規則を定めている。実際に秋田藩士の日記に湯治の申請はよくみえる。弘前藩《ひろさきはん》では、浅瀬石川《あせいしがわ》沿いの板留《いたどめ》温泉(青森県黒石市)が知られた湯治場の一つで、女中に対して療養願いを認めた例がある(『御用格(寛政本)』下巻)。

盛岡藩南部家で大年寄を務めていた佐羽内《さばない》袖嶋は、文化十三年(一八一六)八月十七日、持病の腰痛を理由に、「二廻《ふためぐり》」(一四日間)の暇をとり鶯宿《おうしゅく》(岩手県雫石町)へ入湯することを願い出て、許された(『盛岡藩家老席日記　雑書』四二)。文政元年(一八一八)五月中旬から痛風を患って養生していた若年寄《わかどしより》の植村《うえむら》佐山は、同年九月に医者の指示により鶯宿での湯治を願い出て許されるなど(同前、四三)、高齢女中の湯治を理由とする休暇はこの時期、少なからず見出すことができる。盛岡城下の近郊に位置する鶯宿は、川沿いの断層谷に温泉が湧出し、南部家やその一族も利用した領内の名湯の一つである。

なお、袖嶋や佐山が女中でありながら苗字を持つのは、南部家で一〇代利敬《としたか》がこの当時、奥向の改革を行い、女中に対して、従来の金子と扶持による俸禄を石高に代えて支給したのと合わせて、苗字の名乗りを許すという、特異な対応をとっていたからである〔柳谷二〇二三〕。

袖嶋は、文政二年四月にも再度二廻、さらに追加で一廻の湯治暇を認められている。これより戻って五月下旬には利敬の江戸参勤への随行を命じられ、六月二十五日に江戸に出立した（『盛岡藩家老席日記　雑書』四三）。余人をもって代えがたい仕事を任され、早々の現場復帰を求められたようである。それから一〇年後の文政十二年十月二十二日、「老衰之上、物忘いたし候」という理由を申し出て、引退を許された。隠居は老衰だけでは理由に足りず、認知機能の任下を申告しなければ通らなかったのである。一生三人扶持と雑事代一ヵ月二〇匁のほか、一ヵ年金五両の年金を給付されることになった（同前、四五）。当人の申し出とは別に、家老席から「家元」への申し渡しには「老衰之上、耳遠罷成《みみとおくまかりなり》」とあり、難聴で仕事に支障がでていることを許可の理由としている。藩主利敬の信任を得て奥向改革のなか奔走していた袖嶋は、こうしてようやく「家元」で余生を過ごすことができたのである。

相談役として残る

職務に精通する老女は、役を退いた後に後進の相談役として重用される場合があった。

紀伊徳川家一〇代治宝《はるとみ》に老女として仕えた瀧浦は、天保二年（一八三一）八月、「老年」を理由に「御役御免」となり、日々の勤めを免じられた。勤続五〇年を超え、七〇歳を過ぎて事実上の引退を許されたのであるが、このとき「御用向老女え申談すべき」とされ、後輩老女に助言をする役目を与えられた。落飾して尼僧の姿となり、治宝の隠居所である西浜御殿に居住したまま、この御用向を勤めたことが推測されている〔松島二〇一五〕。瀧浦は、以後も現役時代と変わらない切米《きりまい》四〇石・合力金《ごうりききん》二〇両・五人扶持を給付された。それだけでなく、御殿に相談役として残るという、名誉ある老後の暮らしを保障されたのである。

同年十一月には、大政所《おおまんどころ》（治宝姉の芳寿院《ほうじゆいん》、関白一条輝良《いちじようてるよし》正妻）付として六〇年を超えて奉公していた老女の磯田が、「極老」を理由に引退を許され、現役時代と変わらない切米三〇石・年々金一〇両・四人扶持の支給を提示された。半年後には、京都の「御殿」に居住したまま「折々御用筋をも申談」という勤めを果していたことが、記録に残されている。磯田は瀧浦と同様に、相談役として御殿にとどまり、老後を過ごしていたのである。

誰もが担える役回りではないが、傘寿の年齢となっても心身ともに健康を維持して職務の経験を活かせる女中がおり、屋敷に残り奥方の運営を支える役割を期待されたのである。

なお、磯田には同年、八〇歳の長寿祝いとして白銀一〇枚が下された。傘寿を祝われるのは諸士と同様の待遇である。藩の制度ではなく、主人の思召しとして拝領物を受けるものであるという〔松島二〇一五〕。

退職と住まい

江戸城大奥では、主人の死去により退職を申し渡す場合、後扶持《あとぶち》を支給して生涯の生活を保障する「剃髪《ていはつ》」と、手当金を支給して主家を離れる「暇」（永《なが》の暇《いとま》）の二つの方法を定めている。延享元年（一七四四）に勤続三〇年とされた剃髪の条件は、幕末の嘉永七年（一八五四）に財政問題を背景に、勤続四〇年に変更されている〔畑二〇〇九〕。

大名家の奥方でも、職制を解いて退職を勧告する場合に加えて、老年まで奉公した女中が退職する際に、年功に基づいて年金に当たる一生扶持を支給するか、まとまった退職金を支給することで退職後の生活を成り立たせる慣行をつくりだしていた。これは奥女中の身分と関わり、大名家の責務として行われたことをみるべきだろう。家が社会の基礎単位となり、人々の生活と生存を保障する機能を担っていた江戸時代にあって、奥女中は出自の家や婚家を離れて、個人として大名家に奉仕したのであり、職場である大名家は、奥女中がその身分を包摂される唯一の家であった。よって老齢となり役目を終えた奥女中の余生の保障は、奥女中制度を設けた大名家が採るべき対策であったのである。

退職に伴う切実な問題の一つに、住まいの確保がある。実家や婚家に戻れる者はよいが、長く女中奉公を続ける間に当主が代替わりし、血縁でない者が当主になるなどして、戻りにくい事情を抱える者がいた。剃髪した者には一生扶持が支給されるほか、住居を手配する手厚い待遇が与えられている。

萩藩毛利家《もうりけ》では、主人の没後に摘髪《つみがみ》や剃髪を許された者で身内がいない者には、麻布《あざぶ》下屋敷内の長屋に居住することを認めている〔石田二〇二一B〕。鳥取藩池田家《いけだけ》では、宝暦八年（一七五八）二代綱清《つなきよ》養女で徳島藩蜂須賀《はちすか》家の世子《せいし》吉武《よしたけ》に嫁いだ豊光院《ほうこういん》（豊姫《とよひめ》）が死去した際、剃髪を許した女中三人に対して、池田家の芝《しば》屋敷に移り菩提《ぼだい》を弔うように処遇した上で、後に養子を迎える名跡立《みょうせきだ》てを許している〔谷口二〇二二〕。紀伊徳川家では、天保十四年（一八四三）十二月、芳寿院（徳川治宝姉）付として京都の関白一条輝良邸に住み込んでいた奥女中に、芳寿院の死去により帰藩の措置を取った上で、剃髪した一七人のうち御年寄以下、御三之間《おさんのま》までの一四人を和歌山城下の吹上《ふきあげ》御用屋敷に住まわせた〔松島二〇一六〕。剃髪を許された女中はこのように、大名屋敷のどこかで隠居するか、新たに藩士として一家を興した養子のもとで暮らすという方法で、老後の住まいを得たのである。

家老の家に住まいを定められた例もある。盛岡藩南部家で御中老を務めていた米内《よない》喜和は、文化十一年（一八一四）三月二十二日、「老衰」により退職を認められた際に、家老の毛馬内蔵人《けまないくろうど》の家へ「随身」し、これまで通り時々御機嫌伺いなどに出るように命じられた。「住居被仰付《じゅうきょおおせつけらる》」と記録されていることから、恩顧として住まいを定められたことに意味がある。喜和は南部家の八代利雄《としかつ》に仕えて以来、六〇年近い奉公を続けていた。この年功に対して一〇代当主利敬が下した「御憐愍《ごれんびん》」の沙汰であった。あわせて生涯一人扶持を与えられ、これをもとに家老の家で老後を安泰に暮らすことができたのである（『盛岡藩家老席日記　雑書』四二）。

再出仕

一方、主人の死去により薙髪《ちはつ》（髻《もとどり》を切り喪に服すこと）した後に、還暦に近い年齢で再度の出仕をした女中の例がある。伊達家の二人の娘に仕えた女性で、出自の名を岸盛子という。墓碑の背面に刻まれた銘文は磨耗して判読しがたい個所があるが、職歴とともに、晩年の働きが知られる（図14）。

盛子は天明七年（一七八七）仙台藩士の娘として江戸に生まれ、一六歳となる享和二年（一八〇二）八月に彦根藩井伊家《いいけ》の守真院《しゅしんいん》付右筆となった。守真院はたびたび触れてきたように、伊達家の七代重村《しげむら》夫妻の嫡女詮子《あきこ》である。天明三年に井伊家一二代直幸《なおひで》の世子直富《なおとみ》に嫁いだが、わずか四年で直富に先立たれ、その後伊達家には戻らずに井伊家に残っていた。

盛子は出仕から一八年後の文政三年（一八二〇）九月に中臈に昇り（三四歳）、三千と改名する。三年後の文政六年に若年寄となり、さらに八年後の天保二年（一八三一）十二月に老女に昇進した（四五歳）。出仕から二九年間の研鑽を積んで老女に抜擢されたのである。弘化二年（一八四五）三月に守真院は六三歳で病没する。四歳年長の守真院に老女として一四年間、五九歳まで仕えた盛子は、濃密な主従関係を築いて、最期を看取ったものと思われる。薙髪して喪に服していたが、同年十二月に伊達家の真明院《しんめいいん》（一一代斉義《なりよし》正妻）付として召出された。津山の名前で若年寄を務め、翌弘化三年九月に老女格、三年後の嘉永二年（一八四九）十二月に六三歳で老女となった。九年後の安政五年（一八五八）四月に真明院が死去すると、棺に付き添って仙台へ下り、翌安政六年三月に七三年の生涯を終えた。仙台城下の経《きょう》ケ《が》峯《みね》伊達家墓所（仙台市青葉区）の一画に葬られ、墓石には「長享院華林韶栄禅尼」と刻まれている。禅尼として供養の月日を過ごした最晩年が知られる。

図14　岸盛子の墓（経ケ峯伊達家墓所）

　盛子が真明院付として伊達家に再出仕したのは、どのような事情からだろうか。これは伊達家の内情から考える必要がある。当主の一三代慶邦《よしくに》は、弘化元年四月に関白近衛《このえ》忠煕《ただひろ》養女備子《とみこ》を正妻に迎えていたが、その直前の二月に真明院には「別室」がつくられた（「楽山公治家記録」弘化二年二月二十五日条）。場所は明らかではないが、上屋敷の一角であったとみられる。栄心院《えいしんいん》（一二代斉邦《なりくに》正妻）は弘化三年九月まで上屋敷におり、その後仙台へ下っている。「別室」に移った真明院には付属する女中が増やされ、弘化二年暮れにその補充人事が生じていたのだろう。江戸城大奥に御城《おしろ》使《づかい》を送るなど、伊達家の交際役割を継続していた真明院には、仕事の経験を積み、信頼できる女中が必要とされたはずである。守真院付の老女であった盛子は、行事の折々に伊達家に女使《おんなづかい》として訪れたり、老女同士の文通によって、その能力と人柄を見込まれたものと思われる。老女となるまで四年間待たされたのは、上位の役職に長く真明院に仕える女中がいたか、井伊家と伊達家の格式の違いから職階が検討されたものかもしれない。当人はこれを了承して出仕したのである。

こうして真明院に老女として九年間仕えた盛子は、守真院に対したのと同様に、病の床に伏した真明院の側に付添い、最期を看取ったのだろう。正妻を国元に埋葬する伊達家の慣習に従い、真明院の棺に随行して仙台へ下り、剃髪を願い出て許され、禅尼として真明院を供養する役目を担ったのである。仙台城の「中奥《なかおく》」に住まいを与えられて、穏やかに弔いの日々を過ごしたものと思われる。没後に伊達家の墓所の一画に埋葬されたのは、生母となった女中と同格の、伊達家の家族に準じた扱いとされたことになる。江戸に生まれ仙台で生涯を終えた盛子には、菩提を弔う身内を探し出せなかった可能性もあるが、埋葬の事情はそれだけではないだろう。伊達家の判断として、当主の娘二人に五七年にわたって奉仕した盛子の功労に報いるために、真明院が眠る経ケ峯伊達家墓所に永眠の地を与えたものと考えられる。

家を興した奥女中

奥女中の名跡立て

奥女中の奉公は当人一代限りが原則である。だが、勤功を認められ、養子を迎えて家を興すことを許される者がいた。これは名跡立てと呼ばれ、奥女中にとって最大の名誉ある待遇である。養子は奥女中の俸禄を受け継いで家臣に召出される。奥女中は養子の家で隠居し、老後の暮らしを保障されたのである。

奥女中の名跡立てにより創設された家は、「女中の跡式《あとしき》」（萩藩毛利家）、「御女中跡《おじよちゆうあと》」（鳥取藩池田家）などと呼ばれている。名跡を受け継ぐ養子は、親族に相応の者がいない場合は、藩士の二、三男などから適当な者が選ばれた。家名は女中の名前のほか、女中の実家や養子の苗字が使われたり、新たに創設される場合もある。

こうして大名家の家臣団には、奥女中の名跡立てによって生まれた武家が一定数、存在したのである。本節では、名跡立ての実態と、その経緯や手続きをみた上で、家の系譜に奥女中がどのように位置付けられたのかを明らかにしてみたい。

伊達家の名跡立て

伊達家で家臣の系譜を編纂した『伊達世臣家譜《だてせしんかふ》』『伊達世臣家譜続編』により、女性の名跡立てとみられる家を拾い上げると四三例ほどある。側室を除いて上臈《じょうろう》・局《つぼね》・老女など奥女中の縁により創設された家をみると三一例である。七代重村《しげむら》までの取立てが大半を占めており、以後減少傾向にあるが、幕末に老女浦江《うらえ》の名跡で浦江家が立てられているので、女中の名跡立ては江戸時代を通じて続いていたといえる。ここでは三家を紹介しよう。

原家《はらけ》を興した絵川は、伊達家に五四年間、仕えた女中である（『仙台叢書　仙台世臣家譜』二）。享保三年（一七一八）六代宗村の誕生時に、七両二人扶持の俸禄で乳母に召出された。没年と在職年数から逆算すると、二〇歳で子を産み、家に残して出仕したことが推測される。二〇年後の元文三年（一七三八）七月に四〇歳で宗村付の中臈（表記は御中老）となり、それから五年後の寛保三年（一七四三）十月に四五歳で老女に昇進した。五代吉村夫妻の信任を得て、世子宗村の授乳を終えた後も長く乳母として養育を担当し近侍したのである。そうして宗村との間に人格的な強い繋がりが生まれ、宗村が将軍養女温子《はるこ》を正妻に迎えた後の元文三年に付女中の系列に転じて中臈となり、さらに寛保三年宗村が当主となった際に、老女に抜擢されたことになる。授乳を担った乳母が老女に昇った例としては、伊達家の奥方の職制上、最後の存在かと思われる。宗村の参勤交代の供をして江戸と仙台を二度、往復しているが、育ての親の心情として、国入りを果たす宗村のハレの舞台を見届けたかったのだろう。

絵川が名跡立てを認められた時期は、宗村の在位期間からして、出仕から三五年後、老女に上がって一〇年後の宝暦三年（一七五三）、五五歳の頃と考えられる。最初に迎えた養子は世子重村付の児小姓《こごしょう》に上がったが、故あって廃嗣とされた。宝暦六年の宗村の没後、重村の代に宗村の遺言として再度、絵川の俸禄（一九〇石余）をもとに藩士の小関高豊《こせきたかとよ》の次男胤豊《たねとよ》が養子とされた。胤豊は宝暦十年十一月に小姓組に上がり、後に奥小姓を経て刀番となる。絵川は明和八年（一七七二）十一月、七三歳で没した。在職年数から換算して、養子の胤豊と一〇年以上、親子で奉公し、現役のまま生涯を終えたとみられる。その後に胤豊には加増があり、原家の家禄は二三〇石となった。絵川の実家の名は千葉《ちば》と記されている。江戸で乳母に採用され、老女まで昇ったキャリアからすれば、出自は御家人の娘であった可能性がある。原家の名字の由来は知られない。だが、系譜の冒頭に「婦人絵川をもって祖となす」と記載がある。絵川の始祖としての立場と、宗村の乳母に上がり老女に昇りつめた功労は、原家の誇るべき由緒として系譜に刻まれたのである。

平井家《ひらいけ》を興した老女の喜代野は、高崎藩《たかさきはん》主松平右京《まつだいらうきょうのすけ》亮輝和《てるやす》の家臣平井喜三治《きさんじ》の娘である（『仙台世臣家譜続編』四）。七代伊達重村の代の明和五年十二月、佐幾の名前で江戸屋敷の呉服之間《ごふくのま》に奉公に上がり、いくつかの役職を務めていた。六年後の安永三年（一七七四）十二月、八代斉村《なりむら》の出生時に「姆」（乳母）に召出され、一八年後の寛政四年（一七九二）、二〇両四人扶持の俸禄で老女に昇進した。寛政八年七月斉村が死去すると、同年九月に剃髪を許され、修善院と号した。翌九年五月に仙台藩士田辺《たなべ》希績《まれつぐ》の二男希逸を養子として平井家を興すことを許され、希逸は喜代野の俸禄二〇両四人扶持を一三二石余の家禄として中之間番士《なかのまばんし》に加えられた。喜代野は一五年後の文化九年（一八一二）六月に病死している。

伊達家の奥女中としての喜代野の経歴は二八年である。八代斉村の誕生時から側近くに仕えるなか、斉村の厚い信任を得て老女まで昇り詰めたのである。この功労により生家の平井の苗字で伊達家に自らの家を興すことができた。文化九年に病死した際、遺骸は生前の要望により、斉村の廟所の後方に葬られた。斉村の二三年の生涯に付き従い、さらに菩提を弔う年月に重ねて、死後も側で仕えたいとする思いを残していたのだろう。系譜の冒頭には、父平井喜三治の出自の記載に続いて、「喜三治某女喜代野をもって祖となす」と記述があり、平井家の始祖としての喜代野の立場が明示されている。

藩士の市川盛胤《いちかわもりたね》妻は、音羽《おとわ》の名前で老女を務め、市川家の別家を興している（『仙台世臣家譜続編』四）。同家の系譜には冒頭に、「市川姓平、其先は市川総太夫盛胤妻音羽より出る、音羽養子市川哲治成能を以って祖と為す」とある。始祖は音羽の養子である市川成能とされ、その出自に音羽を位置付けたかたちであるが、事実上、この市川家は音羽の俸禄をもとに擁立され、音羽を始祖とする市川宗家（番士・家禄三〇〇石）の別家である。この事情は次のようになる。

音羽は奥小姓を務める木村矢柄成明（番士・家禄四〇〇石）の娘であった。市川盛胤に嫁したが、その没後の安永七年（一七七八）十月、仙台城「中奥」に上がり、「若女中」として七代重村に仕えた。天明三年（一七八三）四月に中臈に昇り、同年江戸藩邸に「小老女」（若年寄）として出仕し、その後老女に昇進した。文化二年九月、観心院《かんしんいん》（七代重村正妻年子）の死去に際して剃髪を願い出たが、これを差し止められ、霊柩に付き従って仙台に下り「中奥」の勤務に戻った。文化十年に一両二人扶持を加増され、俸禄を二一両六人扶持としている。一〇代斉宗《なりむね》の襲封《しゅうほう》翌年のことであり、この年、筆頭老女となったものとみられる。

文政二年（一八一九）五月、斉宗の死去に伴い再度、剃髪を願い出たが、斉宗の娘で一一代斉義の正妻に定められていた蓁子《もとこ》（真明院）がいまだ幼く、「中奥」で養育中であることを理由に差し止められ、いっそう仕事に励むこととなった。一方、斉宗の遺命により、音羽の俸禄は婚家の市川家の孫にあたる滝之丞《たきのじょう》に加えられた。これは音羽の老後の養いを市川家に確約させるために採られた方策であったと推測される。ただし、音羽は以後も現役を解かれず、蓁子が「中奥」から江戸屋敷へ転居した文政三年以降、「老衰」を理由に何度も引退を願い出ながら許されなかった。仙台城「中奥」は、長く老女を務め諸事に通じる音羽をおいて、統括できる後進がいない時期が続いたのだろう。文政五年三月、音羽は市川滝之丞に加えられていた自身の俸禄をもとに、市川家の別家を立てることを願い出て、許された。山崎源太左衛門《やまざきげんたざえもん》弟成能を養い、音羽の嗣子《しし》とすることを認められた。事実上、音羽の名跡が立てられたのである。音羽は老後を婚家に戻って過ごすより、自身の俸禄をもとに婚家の別家というかたちで余生を送る家を立てることを望み、これを叶えたのである。二年後の文政七年七月、勤功を賞されて終身一両二人扶持を支給された。この年をもって四六年に及んだ奥勤めを退いたものとみられる。傘寿に近い年齢であったかと推測される。なお、成能は前年の文政六年三月、一一代斉義に初めて拝謁し、同九年十一月奥向小姓組に出仕している。

伊達家で新たな家臣家を興した老女たちの出自は、音羽のように伊達家の家臣がいるほか、正妻の実家の家臣や、江戸屋敷で採用した幕臣や諸大名の家臣も少なくない。初代政宗と二代忠宗《ただむね》の時代は、大坂・京都の出自の者もいる。縁あって伊達家に長く勤仕し、老女や若年寄まで出世した女中たちは、俸禄をもとに伊達家にみずからの家を興すことを望み、これを叶える者がいた。世子をはじめ子女の乳母を務めるなど、養育に携わった経歴が知られる女中が大半を占めている。女中の功労として、養育を担ういわゆるケア役割は格別の評価を得ていたのであり、また主人との人格的な強い繋がりが生まれることにより、恩顧を受けるものとなったのである。

鳥取藩池田家の名跡立て

鳥取藩池田家では、奥女中の養子が召し出され藩士に連なることになった家を「御女中跡」と呼んでいる。明治年間に藩士各家歴代の奉公書《ほうこうしょ》として編纂された「藩士家譜《はんしかふ》」(鳥取県立博物館所蔵、現存一六〇四家)には、表紙に「御女中跡」と記載された家が五四家ある。「御女中跡」の表記はないがこれに該当する四家があるので、「御女中跡」は全部で五八家を数える。谷口啓子氏による検討に基づきながら、名跡立ての様相を紹介したい〔谷口二〇一四〕。

奥女中の養子取りは、当人からの願い出に基づいて、藩が奉公年数を勘案して認定する手続きが採られた。初代光仲《みつなか》の治世から、藩が消滅する直前の明治三年(一八七〇)まで続いており、江戸時代を通じて継続された処遇であったことがわかる。養子の擁立を許されたのは、若年寄以上の役職で、老女が大半を占めている。奉公年数は、六〇年以上が四人いるが、おおむね三〇年以上であり、これを名跡立ての基準としてみることができる。ただし、正妻の特別の申し入れにより二〇年で許された例もある。

養子を認められた女中は、藩主に対して藩士と同様に、「養子之御礼」として鳥目《ちょうもく》・肴を献上した。また、養子の名前は奥女中の養子として「養子帳」と「相続帳」に記載された。女中の俸禄は家禄として養子に相続されたが、その際に藩の養子相続の規定が適用され、鳥取城の勤務では五俵、江戸藩邸の勤務では二両を減額されている。このように、藩士と変わりのない手続きと内容で養子取りが行われたのである。

さらに興味深いのは、養子が奥女中の「名代勤め」を行い、その期間中は家禄が養子に相続されないことである。五八家の「御女中跡」のうち、初代の養子の名代勤めは、一三家に確認される。名代勤めは、鳥取池田家が隠居を原則認めなかったことに関連して設けられたものと考えられる。隠居は寄合《よりあい》以上にのみ許されており、平士以下の家では老衰や病気で勤務ができなくなれば、家督相続予定者に名代として勤務させ、勤仕をしない親が家禄を受け取り、死後に家督を相続させた。事実上の隠居であるが、奥女中にもこれが適用され、養子の名代勤めの期間は親である女中が実質的に家督の立場にあったことになる。養子は親である女中が隠居を許されるか、病死した段階で、その跡目を継いだのである。

名跡立てを認められた女中の出自は、池田家の家臣のほか、正妻の実家の家臣（九家）

や、藩主の娘の婚礼に付き従って池田家から離れた者（五家）もいる。正妻が産んだ子女の養育に携っていた女中が大半を占めている。このうち塩見家は、初代藩主池田光仲正妻茶々姫（芳心院《ほうしんいん》）に紀伊徳川家から付き従った老女の藤枝《ふじえ》が興した家である。甥の八郎右衛門を養子として、三〇〇石の知行取りに取立てられた。藤枝は芳心院に五～八〇歳まで、一日も離れることなく仕えたことが伝えられているが、茶々姫の遊び相手として召出されたのだろう。池上本門寺《いけがみほんもんじ》（東京都大田区）に造営された芳心院の墓所の調査によれば、藤枝は没後、芳心院の墓の近くに葬られたことも知られる〔坂詰二〇〇九〕。

苗字の名乗りを許されない、下級家臣の出自で士分の家を興した者がいることも注目される。その一人である志保田は、出自に基づいた女中仕えの通例に従い、役職の最下位の御半下《おはした》から奉公を始めて、中居《なかい》→台子《だいす》→御次《おつぎ》→表使《おもてづかい》→中老→若年寄と階梯を昇り、最上位の年寄に昇進した。天保十三年（一八四二）に養子を迎えることを許され、米田家を興したのである。

名跡立ては次男のために新たな家を興した例（二家）や、兄の代に断絶した家を再興した例（一家）などもある。ここから谷口氏は、女中に明確な家興しの意思があったと指摘する。これを逆にみれば、奥女中の奉公は、身内のために藩士の家を興し、あるいは再興を叶える手段とされた側面もあったといえよう。

池田家で奥女中の縁により興された家は、跡目の養子が永代の藩士に取立てられた「御女中跡」のほかに、一代限りの召出しである徒士《かち》や御掃除坊主《おそうじぼうず》の家を興した例が、あわせて二〇家を数える。この女性たちの出自は、下級藩士や陪臣、浪人、町人、農民である。穏婆《おんば》（現在の助産師）や御乳持《おちちもち》という、子女の誕生と養育に従事することで、名跡立てが行われたことがわかっている。

このほか、奥女中の子や父、孫などが、奥女中の功績により召し出された例が一九例ある。これらを合わせると、池田家で女中の縁により創設された家臣家の総数は八八家となり、家譜が残る一六〇四家の五％を占めている〔谷口二〇一四〕。

婿養子の取立て

名跡立ては養女に婿養子を迎える方法も採られた。盛岡藩南部家の例をあげておこう。

文政十二年（一八二九）十月五日、宝鏡院《ほうきょういん》（一二代南部利済《としただ》正妻雅姫《まさひめ》）付の大年寄松尾は、数十年の奉公により勤功を積んだことを賞され、名跡立てを許された。身寄りの者を養子に立てるようにという沙汰に対して、松尾は、二四歳となる養女に美濃部《みのべ》八郎右衛門《はちろうえもん》二男乙弥を婿養子に迎えたいと願い出る。これを許され、乙弥は松尾に下された四人半扶持に加え、別段の思召しで半人扶持を加増され、合計五人扶持として「永ク松尾跡御立被成下」こととなった。家名は井川とされている（『南部藩家老席日記　雑書』四五）。

天保六年（一八三五）十一月十日には、宝珠院《ほうじゆいん》（一二代南部利済側妻）付の大年寄藤嶋《ふじしま》が数十年来の出精により名跡立てを許されたが、藤嶋は養女に円子九郎右衛門《まるこくろうえもん》二男東五郎《とうごろう》を婿養子に迎えることを願い出て認められた。これにより藤嶋の俸禄五人扶持は東五郎に給され、東五郎は藤嶋の本名小川を名乗ることになった。翌天保七年三月十六日には大年寄の浦里が、同様に養女に対して同姓親族の三戸《さんのへ》給人《きゆうにん》馬場勝馬弟才太を婿養子とすることを願い出て許され、馬場家の苗字で名跡が立てられている（同前、四七）。

老女や大年寄に養女がいたのは、老後の身寄りとして迎えたものだろう。ただし、いずれも養女との関係、つまり養女の出自は不明である。ともあれ、名跡立てを許された老女たちは、養女に婿養子を取り、俸禄を継がせることにより、奥女中の養家として新規の家臣家が立てられた。松尾・藤嶋・浦里ともに養子が召出された後も、しばらく老女の職を解かれずに奉公を継続している。

女中職を受け継ぐ

名跡立ては、奥女中の養子が家臣として召出されるだけでなく、娘や養女が奥女中として召出されることもあった。つまり女中職が受け継がれたのであり、奥女中を一代限りとする原則からはずれた例が生まれていたことが注目される。

秋田藩佐竹《さたけ》家では寛保二年（一七四二）十一月、五代義峯《よしみね》の嗣子徳寿丸（六代義真《よしまさ》）の誕生時から一一年間「御抱守《おだきもり》」を務め、中老に昇進して三年半後に没した繁野の「跡目」が検討された。繁野には娘が一人おり、この娘を俊光院〈義真の実父佐竹義堅《よしかた》〈秋田新田藩二代〉の正妻美代〉付の女中として出仕させ、繁野の扶持《ふち》を支給することとした。結果として、女中職を母娘の二代で世襲する例が生まれたのである（『国典類抄』一五）。

母と娘がともに奥女中となること自体は珍しくはない。ただしそれぞれ個別の奉公であって、職務を継承してその代を重ねるものではない。これに対して繁野の娘の場合は、母の扶持を受け継いで、女中職に取立てられたのである。これは義真の養育に携わった功労に対する藩主義峯の恩顧によるものであった。

盛岡藩南部家では、奥女中の名跡を同僚の女中に継がせた例がある（『盛岡藩家老席日記雑書』四三）。一〇代利敬付の若年寄であった植村佐山は、文政元年（一八一八）五月中旬から「痛風の症」を患い、鶯宿へ湯治を許されるなど、養生に努めていたが、手足も不自由となり、同年十月十二日に役目の継続は困難であるとして、辞職を願い出た。利敬は佐山の病身を承知した上で、役職は解くが快気後は従来通り出仕するようにと申し渡した。だが快気の見込みがないと判断した佐山は、「筋目の者」はいないので利敬の目にかなう者を「後々相続之者」となる「家督」とし、隠居を仰せ付けられたいと再度願い出た。これにより四日後の十月十六日、女中の吉岡酒を「家督」とする決定がなされる。病身の佐山に代わり、親族の植村近江《おうみ》と当人の酒が、これを伝えられた。酒は以後、植村酒を名乗り、利敬付の中臈として仕えることになる。つまり酒は、植村佐山の名跡を継ぐ女中として植村家の家督の立場とされたのである。

この一件にはさらに続きがある。翌文政二年七月十八日、隠居していた佐山が快気を申し出たのである。そこで、佐山には「御曹司様」（一一代利用《としもち》）の御用に就くことが命じられ、利敬の参府の期間中に中年寄として復帰し、一〇両二人扶持が支給されることになった。植村家はこうして、御曹司付の中年寄として復帰した佐山と、利敬付の中臈酒が、養母と養女の親子で女中として出仕したのである。

佐山や酒に植村の苗字があるのは、前述したように南部利敬がこの時期、当主付の女中に対して苗字の名乗りを許していたからである。これによって、奥女中の名跡を受け継ぐ者は男女の別なく、家督と呼ばれている。佐山の名跡立ての場合、養子に家臣の男性家族ではなく、奥女中である吉岡酒を据えたのは、利敬のはからいである。当主付の女中に苗字を許し家来の扱いを明確にした利敬の施策からすれば、女中の名跡立てに女中を据えることは、考えだされる措置であったといえよう。とはいえ、同時代でも類例は見出せない。利敬が実行した特異な例であったとみるべきだろう。

奥女中の名跡立ては、仙台藩伊達家・盛岡藩南部家・鳥取藩池田家・松江藩松平家などでは、幕末まで続いていたことを確認できる。ただし全体的な動向としてみれば、一八世紀半ばを境に名跡立ては制限されてゆき、生涯扶持の支給に変えられていった。

名跡立ての制限

萩藩毛利家では、延宝五年（一六七七）に、奥女中の跡目相続を原則禁止とする方針に転じ、その後元文六年（一七四一）二月には、子や兄弟による相続であっても、以後はいっさい認めないとする厳格な禁止が定められた。石田俊氏は、元文六年の変更は当該期の財政改革を背景に、藩主一族による恣意的な跡目の取立てが問題視されるなかで成立したもので、奥向の相続や禄の支給には、表向の基準に照らして理屈が立つ公平性が求められたと指摘する〔石田二〇二一B〕。ただし藩主の格別の思召しによる名跡立ては以後も完全になくなったわけではないという。

徳島藩蜂須賀家では、一七世紀末までに、奥女中の年功次第で養子を家臣に取立てる慣行をつくりだしていた。だが、延享元年（一七四四）には、これが改められ、小姓以上に対して勤功のみに基づく名跡立てを行う許可条件を規定し、長年の勤務功績者には生涯扶持を支給するように変更された〔根津二〇〇八〕。福田千鶴氏は、こうした動向を捉えて、継続的に俸禄を与え続けなければならない家臣の家を創出するより、一代限りの生涯扶持を支給することで藩の経済負担の軽減化を図ったもので、これは表向において固定化した家中構造との摩擦を避けるための解決策としても、必要であったと指摘する〔福田二〇一八〕。

ここで着目したいのは儒学者の荻生徂徠《おぎゅうそらい》の見解である。『政談《せいだん》』のなかで「女中の跡目の事」と題して、女中の跡目を立てることには根拠がないと批判している。事の起こりは婿養子をとることと混乱したものではないかとし、「慈母《じぼ》」といって子どものいない女性を母に代わり子どもを育てる者とするのは古来あることなので、これに倣い女中の親類で禄を持つ旗本から人を探して、女中をその人の「母分」とし、法事などもその家で行うのはよいが、女の苗字を名乗らせて跡目と呼ぶことは、あってはならないと述べている〔辻達也校注『政談』〕。

徂徠の見解について福田氏は、享保年間（一七一六〜三六）には奥女中の名跡立てによる新規の旗本の取立てが顕著となり、また奥向で一生奉公を遂げた女中の没後の供養が社会問題として生じており、これに対応した救済措置として考えだされた側面があると指摘する〔福田二〇一八〕。いずれの点も首肯できるが、徂徠の持論にはもう一つ、考えるべき問題がある。それは武家を男系で維持することへの固執である。

徂徠は、奥女中に跡目を立てることに根拠はないと述べた最後に、女中の苗字で跡目を立てることを「あるまじき事」だと断じたのである。つまり根拠はないので行うべきではないと説く言葉の裏側には、女性の由緒に基づく武家が興されることへの忌避観念が透けてみえる。武家は男系で継承されるべきであるとする、強い思いが吐露されている。

だが、徂徠の思いとは別に、将軍も大名当主も、奥女中の功労に基づいた家臣家を創出することを否としなかった。それはなぜだろうか。名跡立ては手続き的には、女中本人からの願い出を受けるかたちで進められた。一方、恩顧を施したい当主の気持ちが先行する場合もあった。名跡立てを許された女中の大半は、当主やその子女たちの養育に携わった経歴を持つ者である。藩政前期に名跡立てが多いのは、実質的に親代わりの役割を果たした乳母などが、その後に局《つぼね》として終生、伺候《しこう》していたからにほかならない。一八世紀以降、職階を上がる昇進システムが定着するなかで、当主の子女の養育を担い人格的に繋がりを深くした奥女中が、キャリアを積み重ねて老女まで出世する例が、多出したとはいえないが、ある程度出現していた。そうした老女たちに対して、最大の恩恵を与える方策が、名跡立てであったのである。

当主家の人々の養育に携わり、その責務を担った奥女中の働きは、男性家臣の働きと変わりのない、当家へのかけがえのない奉公として認識され、家臣の家を興す根拠となったのである。こうして奥女中の名跡立ては、表向の改革のなかで見直されることはあっても、当主家の人々の意向により先例を確認しながら受け継がれ、江戸時代を通じて存続することとなった。

系譜の表記

ただし実態として奥女中に始まる武家であっても、家譜には男系を貫く体裁が整えられた。当主に代数を記入する、また系線で当主を繫げる形式を採る家譜では、女中を当主に位置付けず、「初代」に据えない作為がなされている。

鳥取藩池田家で「御女中跡」とされる家の系譜では、養子を取って家を興した女中の肩書を「先祖」と記している。その出自と職歴を詳細に記した後に、養子に「初代」の肩書を入れて出自と経歴を記し、続く歴代の当主にも代数の記載がある。名跡立てを許された女中たちの家の始祖としての位置付けは明白である。だが、「先祖」であって「初代」ではない。つまり、家の当主の代数にはカウントされないのである。

大名家臣の系譜には、初代に位置付けた奥女中の養子の説明のなかに、養親である女中の功績と名前に触れる体裁もある。蜂須賀家で編纂された家臣団成立書には、乳人（乳母）の家二軒と、老女・中老に始まる家六軒の記録がある。このうち乳人の家は、家の成立に関する記述の本文にその働きが記載されているが、系図の表記では、乳人の夫を「初代」の「先代」に据え、「先代」の妻として乳人を記している。「初代」とされるのは乳人に立てられた養子である。老女や中老に始まる家では、系譜上には名前の記載は一切なく、系図の冒頭にその家が奥女中の養子として成立した事実が「老女佐山養子」などと一行記されるのみである。これを紹介した桑原恵氏は、家臣団成立書で奥向に仕えた女性たちの家は、すべて女性が初代として扱われず、系図上は「家」が男性から始まり男性へと継承される体裁となっている共通性を指摘している〔桑原二〇〇八〕。

出羽新庄藩《しんじょうはん》戸沢《とざわ》家の家譜も同様である。四代藩主正勝《まさよし》の正妻微笑院《びしょういん》付として烏山藩《からすやまはん》大久保《おおくぼ》家から付き従った局は、その没後に家臣の高木次郎太夫の次男瀬左衛門に一五人扶持が受け継がれ、苗字の波多野《はたの》の名前で新規の家臣家が立てられた。五代正諶《まさのぶ》の正妻翠《すい》松院《しょういん》付として甲府藩《こうふはん》柳沢《やなぎさわ》家から付き従った局もまた、没後に家臣の竹尾十兵衛次男彦作に一五人扶持が受け継がれ、女中名を家名とする岩田家が興こされた〔柳谷二〇〇七〕。だが波多野家・岩田家ともに「新庄藩系図書」には、初代をそれぞれの養子の名前で記し、その説明のなかに局の由緒を伝えるだけである〔山形県新庄図書館『郷土資料叢書』第一六〕。家臣団は系図上にすべて、男性に始まり男性へと継承される相続が系線によって可視化されている。

始祖と初代

家譜の編纂で女中を初代に位置付けないのは、家督の地位を男性に限定する武家社会のジェンダー規制に基づくものである。だが奥女中に「初代」と記した家譜が、まったく存在しないわけではない。

鳥取藩池田家の家譜には、「御女中跡」とされた家とは別に、奥女中の功績によって一代限りの徒士や御掃除坊主に召出された七家のなかに、女中を「初代」と記し、取立てられた養子や子に「二代」と記載する家が三家（竹内《たけうち》・中西《なかにし》・梅里《うめさと》）ある。このうち中西家は、中臈を務めた安川《やすかわ》が「初代」と記され、享保十八年（一七三三）養子として召出された安川の子の豊内《ぶない》に「二代」の記載がある。安川は隠居して比丘尼《びくに》となり、仏殿御用を継続しながら豊内を名代勤めに出していた。「藩士家譜」が作成・編纂されたのは明治期である。これらの三家は、家譜の提出にあたり、先祖である女中を初代として位置付け、これに対して池田家は修正指示を出さずに、そのまま編纂したことが推測される。天保期から文久期にかけて提出された家譜であれば、草案の段階で藩が修正を加えたかもしれない。明治年間に家の側から提出され、池田家が修正していない家譜のなかには、ほかに分知家《ぶんちけ》の家臣などに、奥女中を初代とする例がいくつかあるという（鳥取県立博物館主任学芸員、来見田博基氏のご教示による）。

一方、伊達家の『世臣家譜』『世臣家譜続編』では、前述の通り名跡を立てられた奥女中は、「始祖」と記された絵川や、「祖」と記された喜代野がいるが、音羽のように始祖以前の立場に位置付けられた例もある。ただし、養子とこれに続く子孫の事項に代数の記載はない。家督を系線で結ぶ体裁でもないことで、いずれも冒頭部に記された奥女中の立場と経歴は、家の由緒を伝える情報として担保されている。最初に召出された者の情報が明記されている点において、奥女中と男性武士は対等な関係にあるといえる。

鳥取藩池田家の「御女中跡」についても、「先祖」と「初代」を書き分ける体裁を措けば、各家の系譜は冒頭で、奥女中の出自と経歴を詳細に書き上げており、このことこそ重要な意味があろう。始祖である奥女中の功労に敬意を払い、家の由緒として後世に伝えようとする各家の意図を明瞭にうかがうことができるのである。

奥女中を先祖とする家臣家の家意識をひろく掘り起こすことが今後の課題の一つとなる。

奥女中として生きる——エピローグ

本書では、大名家を奥向《おくむき》から支えていた女中の働きを明らかにしてみようと、奥女中の職制と役務、およびキャリア形成について具体的に述べ、老後の処遇にも関心を向けてきた。

奥女中のキャリア

奥女中の制度は江戸時代二六〇年で大きく変遷していた。奥女中といっても当主付と家族付では仕事の中身が異なり、正妻付の職制には実家の組織が持ちこまれる。そのため、代替わりによる変化は小さくなかった。だが、いずれの大名家にも、女中組織を統括する役職として老女《ろうじょ》（年寄）が置かれ、厳格な階梯性を備えて職制が整備されたことは、大きな画期となった。伊達家《だてけ》の場合は、一七世紀前期に「年寄」が設置されて以降、その配下に若年寄《わかどしより》・表使《おもてづかい》・錠口番《じょうぐちばん》・右筆《ゆうひつ》の役名で、役女系列が階層的に整えられていく経過が確認される。その背景には、老女が担う仕事の拡充があったと推察される。こうして一八世紀後期の七代重村《しげむら》のときに、一九の職階に分化した最大規模の職制となるが、その後は職階上位に置かれた介添《かいぞえ》や局《つぼね》は不在となり、一一代以降は最上位の上臈《じょうろう》も不要とする流れがあった。このように職制が変化するなか、女中たちは、奥方の運営と管理、対外的な折衝、当主とその家族の身辺の世話、衣装・道具の管理など、各々与えられた任務を果たすことで、大名家を支えていたのである。

職制がヒエラルキーの構造をもって整備されたことにより、奥女中の身分は役職と一体化した。上下の役職で互いの呼び名も言葉遣いも異なるものとなり、儀式で着用する衣装や、お目見えの際の畳目《たたみめ》の位置に厳格な差異が設けられた。給与が役職に基づくのも役職が身分化したことよるものといえよう。

こうして役替は事実上、身分の上昇を意味するものとなった。自身の能力と努力でキャリアを築き、年功を積むことで、役職を昇り、出世する道が開かれたのである。出自の身分や家格が昇進・出世を縛っていた男性家臣とその点で異なっている。キャリアと別に抜擢される場合もあったが、基本はキャリアを重ねて昇進した先に役職筆頭の老女の地位にたどり着くのである。

また、奥女中は一代限りで終わる奉公であり奥方の仕事は同様に経験を積んできた女中によって次世代に引き継がれる。還暦や古希を超える年齢まで召抱えられる者がいたのは、奥方の日々の仕事に老成円熟した女中の存在が必要とされたからにほかならない。老齢の女中は大名家にとって、貴重な人的資源であった。

奥女中はキャリアを記録に残され、後代に伝えられたことも注目される。本書で紹介した経歴に関する情報の大半は、藩が編纂した家臣家の系譜に記載されたものである。養子を取り家を興した奥女中の場合は、採用時から引退までの役職の履歴が知られる。なかには出自に遡る生涯を概観できる者もいる。これは男性家臣が勤功書上を作成するのと同様の、みずからの実績を書き上げる機会があったことを示している。おそらく役替に際して、女中自身が履歴書を作成して提出し、これをもとにキャリアを評価するシステムがあったのだろう。

奥女中制度の終焉

奥女中制度は大名による政治の終焉とともに最後を迎えた。明治二年（一八六九）、華族に列せられた旧大名の屋敷には家政領域として奥向が引き継がれた。そのなかの表と奥も男女を分離する構造のまま残されたが、大名屋敷で奥方が担っていた公的機能は消失し、女中は華族の家事使用人となり、組織を縮小され、解雇が進んだ〔長野二〇〇三、福田二〇一八〕。

伊達家の場合は、明治政府に収公された旧江戸屋敷のうち、品川《しながわ》の下屋敷を明治八年に買い戻した。この下屋敷には、傭人《ようにん》として家令《かれい》・家扶《かふ》・家従《かじゅう》の職が置かれ、奥には女中が勤務し、女中の頭は昭和十年代まで「老女」と呼ばれていた。老女は、伊達伯爵夫人が屋敷の最奥にある座敷で来客に対面する際には、立ち合った。一段高い上座に座る伯爵夫人と客との中間の位置に座り、双方の言葉を取り次いでいたという。前代の奥方の作法を踏襲していたことが回想されている〔大石一九九八〕。しかし作法は同じであっても、政治空間である大名屋敷の奥方と、華族の私的生活空間の奥とでは、老女の取次ぐ意味合いは異なっている。

明治政府は、公領域と私領域を分別する近代社会の原則に基づいて、政治・行政機構を家から分離・独立させ、官庁施設を新設したが、その職務を男性が独占するものとした。朝廷の女官については、明治四年にいったん罷免した後に、宮内省《くないしょう》の官吏に準ずる者として改めて採用していたが、これを例外として、女性は近代国家のなかで任官の対象外とされた。これによって、中央政府も地方の官庁も、男性の吏員だけで占める組織となったのである〔国立歴史民俗博物館二〇二〇〕。

逓信省《ていしんしょう》では明治三十年代までに、電話交換手や郵便貯金の計算担当職員に、官吏ではないが雇員や傭人の身分で働く女性が登場する。その後、明治三十九年からは雇員として採用された女性が、下級の官吏である判任官《はんにんかん》に任じられるようになる〔同前〕。地方の役場まで含めて、公務職に女性の任用が開始され増加していく経過や、キャリアの様相が明らかにされる必要があろう。近世の奥女中制度とはいったん切れて、行政の場で新たに働き出した女性の歴史の解明が待たれる。

以上、奥女中の歴史を終わりまで述べてきた。では最後に、これまでみてきた彼女たちの姿や足跡から、働くことへの思いや意欲という点を考えてみたい。

なぜ働き続けることができたか

奥女中の歴史でとくに驚かされるのは、その勤続年数である。現代社会においても、定年延長など、就労年齢の高齢化がしばしば話題にのぼるが、老女をはじめとした老齢女中は、その比ではない。二〇歳もいかない若年から奉公に上がり、六〇年以上のキャリアを積み、齢七〇〜八〇に達し亡くなる直前まで奉公を続けた奥女中の存在をみてきた。家元を離れ単身で働く彼女たちが、ここまで働き続けるだけのモチベーションはどこからきていたのだろうか。

その第一に、仕事自体への誇りや責任感があげられるだろう。それぞれの持ち場で細心の注意を払いながら役目を果たしていた女中たちの姿を本文においてたびたび確認したが、もう一例、幕末の薩摩藩島津《しまづ》家江戸上屋敷で右筆を務めていた喜尾《きを》（瀧尾《たきを》）の場合をみておこう（萩島家文書薩摩藩奥女中関係一）。喜尾は、島津家の親戚付き合いや法事に関わる文書のほか、江戸城大奥との交際に関わる文書を作成・管理する、まさに交際の実務の根幹を担う仕事を担当していた。当家のみならず、江戸城大奥と、親族大名家の女中たちの名前を主君ごとに手控えた「心覚」を作成しており、関係者のすべてを把握し、相手の名前を間違えないように細心の心得をもって仕事にあたった様子が浮かんでくる。右筆は役《やく》女《じょ》のなかで表使の下に置かれ、側《そば》系列の役職よりも低い序列に位置付けられていた。だが、仕事の中身と責務において高いスキルが求められる役職である。喜尾には右筆の仕事に対する意識の高さも垣間見られる。江戸時代後期には、奥女中の仕事ぶりに弛緩が生じた時期もあった。問題が起これば役職筆頭の老女がその責務において処理し、乗り切ってきたといえる。

第二に、そうした仕事に対して、出自の身分にとらわれない評価システムがあったことがあげられる。右の喜尾についても、出身は武家ではなく農民〈武蔵国多摩郡宮下村〈現八王子市〉名主萩島家〉の娘であったが〈畑二〇〇二〉、大名家の文書を作成するリテラシーと書状作成の技能を習得していた。これを評価され、キャリアを積む機会に恵まれて、右筆として存分の実績を上げていたのである。能力・実績・経験に応じて役替・昇進を行うシステムがあったことは、仕事への意欲と向上心を高め励みにもなったことだろう。

第三に、仕事の継続に必要な条件や環境を整えようとする意識が奥女中にあったことである。津山藩松平家《つやまはんまつだいらけ》で、屋敷内に長屋を貸し与えられ、母親を介護しながら勤務することを認められた例が、これにあたる（一一四〜一一五頁）。親の介護と仕事の両立が叶えられたのは、就業規則や慣行に盲従するのではなく、みずから願い出る行動を起こしたからであろう。当主の側もその主張に柔軟に応えたのである。むろん、常日頃の誠実な仕事ぶりを認められたからにほかならない。本書では、ほかにも老齢で働く奥女中や引退後の奥女中に対して、大名家が施していた数々の厚遇を取り上げた。湯治をはじめとする勤務途上の休養も、養子の擁立による家の取立ても、恩顧を含めて、女中みずから申請することを必要としていたが、これを実現させた女中たちには、自身の仕事の実績や自負に基づく権利意識の芽生えが感じられる。

チームの一員として

最後に第四点として、右の自発性とも関わるが、奥女中たちが日常的に公私の区分がない協業チームのなかにいたことをあげられる。奥女中は単独で仕事をこなすのではなく、組織の一員として協力関係を築きながら、与えられた任務を遂行する。奥方は、出自の異なる公家・武家・庶民の女性が協働して主君に奉仕する職場である。世代的には下は一〇代から、上は八〇代までの者がいる、多世代で構成される組織である。職務は役女系列・側系列・下女《げじょ》系列に分けられるが、同職間の協力だけでなく、系列のなかでの連携が必要とされ、系列を超えて奉仕する任務もあった。

また多くの仕事が、男性家臣や他家の女中も含めた協業により達成されるのである。

毎日の給仕ひとつをとっても、配膳、酒器・食器の扱い、料理の盛りつけなどに上臈・老女以下、複数の役職の分担があり、協力しあう関係がある。役女の仕事である文通の実務は、交際相手の格式に合わせて、担当が老女以下、役列のなかで分けられたが、手紙の作成は右筆が老女の指示に基づいて書き上げる。江戸城大奥へ使者となる御城使《おしろづかい》の任務は、上臈や老女が交替で登城し、献上物の用意、書状の作成、随行役を表使・右筆・御《お》使番《つかいばん》が分担して受け持つという、協力関係によって遂行された。このような役職の上下や同職間の日常的な助力や指導がある人間関係のなかで、奥女中はキャリアを積み重ね、成長していくのである。

奥女中にとって、日々働くことは生活そのものであり、奥女中として生きることを意味したといえよう。

あとがき

書籍は「あとがき」から読むという友人・知人が少なくない。私も同じ趣味を持つ一人である。そこで本書の「あとがき」にまず目を通してくださる読者がいれば、お伝えしたいことがある。著者としては、最終章の「老後と名跡立て」を最初に読んでいただくことをお勧めしたい。本書の帯に、「勤続六〇年、齢八〇のプロフェッショナル!! 仕事に生きた女性たち」とキャッチフレーズが入っている。編集と営業の担当者が考えてくださったが、的を射た表現と受け止めている。江戸時代の特徴的な一側面であり、最終章でこれを具体的に描いてみた。

『江戸のキャリアウーマン』と題して歴史文化ライブラリーの一冊が構想されたのは、二〇一四年春に遡る。前年秋に総合女性史学会の企画・編集により刊行された『女性官僚の歴史』に、「大名家「女使」の任務」と題した拙論を寄稿していた。製作実務を担当した大熊啓太さんから、思いがけず右記のタイトルで執筆を依頼され、光栄であったが、当時は奥女中を「キャリアウーマン」として描き出すだけの素材を十分に探し出せずにおり、ただちに執筆することはためらわれた。日々の忙しさはともかく、震災後は新たな研究テーマとして海岸林の歴史に取り組み始めたこともあって、執筆は大幅に遅れてしまい、八年を要してようやく依頼されたタイトルで書く覚悟が定まった。

武家の奥向研究は一九九〇年以降、実証研究が進展した。とくに二〇〇〇年前後から関係史料の発掘が進み、奥女中についても大名家ごとに職制を中心に研究が蓄積されたことで、それらに多くの示唆を受けて分析の観点を見出すことができた。また、全国的に博物館・文書館でジェンダー視点に基づいた歴史展示が企画され、あわせて史料の翻刻が行われ、その恩恵も受けている。学芸員や専門調査員の努力によって、新たな史実が発見・再発見され、展示に活かされ、紀要には充実した成果が公表されていることに敬意を表したい。

こうした達成をふまえて、とりあげるべき問題を考えた結果が、本書の構成となっている。奥女中が担う職務と、儀礼や交際に関わる役割の詳細は、仙台藩伊達家の史料により本書の執筆の段階で掘り起こした事実が少なくない。その解釈が妥当かはもとより、他の大名家でも検証がなされ、役女の働きがひろく解明されることを期待している。なお、盛岡藩南部家で一九世紀初頭に展開された奥方改革を書いていたが、枚数の制約から別稿とせざるを得なかった。また子女の養育を担当する女中の組織やその役割については、テーマを別にして具体的に論じられる必要があるが、同様の理由ではずした。

本書は日本学術振興会科学研究費（「近世武家女性のライフサイクルと奥奉公に関する基盤的研究」課題番号二三五二〇八二五）による成果の一部でもあるが、史料調査では仙台市博物館・明治大学博物館・秋田県公文書館に格別にお世話になった。また、仙台市博物館・東北学院大学文学部歴史学科で講演の機会を与えられ、聴講者から質問や意見をいただくことで考察を深めることができた。大学の講義やゼミで奥女中の話を聞いた学生が、卒論のテーマにとりあげてくれるようになったことも嬉しいことである。なお、職場や講演では戸籍名の菊池を名乗っているが、本書では学術論文で使い、先祖の苗字でもある柳谷を筆名とした。

原稿の最初の読者になっていただいた谷口啓子さんには、なにより御礼を申し上げたい。鳥取藩池田家の奥向研究を牽引する谷口さんと直接お目にかかることになったのは、共稼ぎの息子さん夫婦の育児を支援するために、しばらく仙台に居所を移されていた際、研究室に来室されたことがきっかけである。鳥取池田家と伊達家の関係は深く、関係史料をご教示いただくとともに、お願いして原稿の全体に目を通していただいた。

もうお一人、仙台藩志会理事の松葉徳壽さんにお礼を申し上げたい。「老後と名跡立て」でとりあげた長享院（岸盛子）の墓碑は、仙台市青葉区経ケ峯の伊達家墓所の一画に所在する。隣接する仙台藩祖伊達政宗の霊屋瑞鳳殿のボランティアガイドを務めておいでの松葉さんのお力添えによって、奥女中の墓碑調査を行うことができた。毎年六月にゼミ生とともに瑞鳳殿をはじめ歴代藩主などの廟所を参詣しているが、ガイド歴二〇年を超える松葉さんのご案内は実に詳細で楽しい語りである。

最後に、編集者の大熊啓太さんは、企画のお声がけをいただいて以来、重い腰があがらない筆者に毎年、年賀メールでエールを送ってくださった。編集者とは、かくも辛抱強く執筆者の立上がりを待ち、寄り添ってくださるものかと、誠に有難く、全体の構成や表現などにも多くの示唆をいただいたことに、心より感謝を申し上げたい。

二〇二二年十二月

柳谷慶子

参考文献・主要史料

参考文献

秋元茂陽「仙台藩主伊達家の墓碑考察」『黄檗文華』一三四、二〇一三年
秋元茂陽「続・仙台藩主伊達家の墓碑考察（側室編）」『黄檗文華』一三六、二〇一五年
秋元茂陽「続・仙台藩主伊達家の墓碑考察（子女編）」『黄檗文華』一三七、二〇一六年
石田　俊『近世公武の奥向構造』吉川弘文館、二〇二一年A
石田　俊「近世前・中期萩藩毛利家における「裏」の構造と老女制の成立」『山口大学文学会志』七一、二〇二一年B
磯部孝明「宣寿院の一関下向にみる奥女中の役割」『一関市博物館研究報告』一六、二〇一三年
大口勇次郎『江戸城大奥を目指す村の娘―生麦村関口千恵の生涯―』山川出版社、二〇一六年
大石忠良「一枚の古い写真から」『藩報「きずな」仙台藩志会』一九、一九九八年
大藤　修『近世農民と家・村・国家―生活史・社会史の視座から―』吉川弘文館、一九九六年
笠谷和比古『江戸御留守居役』吉川弘文館、二〇〇〇年
菊池（柳谷）慶子「大名正室の領国下向と奥向―一関藩田村家宣寿院の事例を中心に―」『東北学院大学論集　歴史と文化』五二、二〇一四年
久保貴子「禁裏女房の人事と職務」総合女性史学会編『女性官僚の歴史』吉川弘文館、二〇一三年

桑原　恵「蜂須賀家家臣団成立書の「乳人」「老女」関係史料について」『徳島大学総合科学部人間社会文化研究』一五、二〇〇八年
国立歴史民俗博物館編『企画展示　性差の日本史』一般財団法人歴史民俗博物館振興会、二〇二〇年
齋藤悦雄「江戸中期幕藩間の儀礼について」『宮城県農業短期大学学術報告』四三、一九九五年
齋藤悦雄「江戸屋敷と大名の交際」『仙台市史』通史編五近世三、仙台市、二〇〇四年
坂詰秀一編著『近世大名家墓所の調査―芳心院殿妙英日春大姉墓所―』雄山閣、二〇〇九年
笹目礼子「一橋家の諸家交際にみる奥向の役割―初世宗尹期を中心として―」『茨城県立歴史館報』四〇、二〇一三年
下重　清「「仕置き」としての縁組―稲葉正則と伊達綱村―」『小田原地方史研究』二五、二〇一〇年
関　民子『只野真葛』吉川弘文館、二〇〇八年
仙台市史編さん委員会編『仙台市史』通史編四近世二、仙台市、二〇〇三年
高橋あけみ『大名家の婚礼と調度―仙台伊達家の場合―』大崎八幡宮、二〇一五年
谷口啓子『武家の女性・村の女性』鳥取県、二〇一四年
谷口啓子「池田家息女の輿入れと付人―豊姫を事例として―」『鳥取地域史研究』二三、二〇二一年
竹内誠・深井雅海・松尾美恵子編『徳川「大奥」事典』東京堂出版、二〇一五年
鳥取県立博物館編『女ならでは世は明けぬ―江戸・鳥取の女性たち―』鳥取県立博物館、二〇〇六年
中川　学『仙台藩の武士と儀礼』大崎八幡宮、二〇一四年
長野ひろ子『日本近世ジェンダー論―「家」経営体・身分・国家―』吉川弘文館、二〇〇三年

根津寿夫「徳島藩蜂須賀家の「奥」―正室・こども・奥女中―」徳島地方史研究会『史窓』三八、二〇〇八年
畑　尚子『江戸奥女中物語』講談社、二〇〇一年
畑　尚子『徳川政権下の大奥と奥女中』岩波書店、二〇〇九年
氷室史子「大名藩邸における御守殿の構造と機能―綱吉養女松姫を中心に―」『お茶の水史学』四九、二〇〇七年
福田千鶴『近世武家社会の奥向構造―江戸城・大名武家屋敷の女性と職制―』吉川弘文館、二〇一八年
福田千鶴『女と男の大奥―大奥法度を読み解く―』吉川弘文館、二〇二一年
福田千鶴『大奥を創った女たち』吉川弘文館、二〇二二年
松崎瑠美「天下統一・幕藩制確立期における武家女性の役割―仙台藩伊達家を事例として―」『国史談話会雑誌』四五、二〇〇四年A
松崎瑠美「近世武家のジェンダー・システムと女性の役割―近世中期の仙台藩伊達家を事例として―」『歴史』一〇三、二〇〇四年B
松崎瑠美「近世前期から中期における薩摩藩島津家の女性と奥向」『歴史』一一〇、二〇〇八年
松崎瑠美「大名家の正室の役割と奥向の儀礼」『歴史評論』七四七、二〇一二年
妻鹿淳子「奥女中の参勤交代―津山藩の場合―」『津山市史だより』七、二〇一六年
妻鹿淳子「津山藩松平家の奥女中について」『岡山地方史研究』一四四、二〇一八年
松島由佳「「附込帳」にみる大奥女中の役替えについて　その二」『和歌山県立文書館紀要』一七、二〇

一五年
松島由佳「「附込帳」にみる大奥女中の役替えについて その三」『和歌山県立文書館紀要』一八、二〇一六年
松島由佳「「附込帳」にみる大奥女中の役替えについて その五」『和歌山県立文書館紀要』二〇、二〇一八年
柳沢芙美子「近世中期における福井藩松平家の奥向―福井藩法を中心に―」『福井県文書館研究紀要』一九、二〇二二年
柳谷慶子『近世の女性相続と介護』吉川弘文館、二〇〇七年
柳谷慶子『江戸時代の老いと看取り』山川出版社、二〇一一年
柳谷慶子「大名家「女使」の任務―仙台藩伊達家を中心に―」総合女性史学会編『女性官僚の歴史』吉川弘文館、二〇一三年
柳谷慶子「「御城使」としての奥女中―選任と役務の検討を中心に―」『国立歴史民俗博物館研究報告』二三五、二〇二二年
柳谷慶子「文化文政期の盛岡藩政と奥女中」『北の歴史から』八、二〇二三年
山下奈津子「近世後期、紀州徳川家の女中の特質について」『和歌山市立博物館研究紀要』二六、二〇一一年
水沼尚子「幕末期江戸藩邸の奥向―前橋藩松平家記録「朝夕申継帳」を素材に―」『女性歴史文化研究所紀要』二〇、二〇一二年

主要史料

秋田県立秋田図書館編『国典類抄』一五嘉部三、秋田県教育委員会、一九八五年
「一関藩士分限帳」（東北学院大学東北文化研究所寄託「境澤文書」）
「御側雑書」（盛岡市歴史文化館所蔵）
「因府年表」（『鳥取県史』七、鳥取県、一九七六年）
小野清著・高柳金芳校注『史料徳川幕府の制度』人物往来社、一九六八年
「御前様 天保十二年五月小御記録」「御前様 天保十二年七月小御記録」「栄心院様 天保十二年十二月小御記録」（明治大学博物館所蔵「陸奥国仙台藩（伊達氏）文書」）
尾張徳川黎明会編『徳川礼典録』下巻、尾張徳川黎明会、一九四二年
松浦静山『甲子夜話続篇二』平凡社、一九七九年
「家老日記（鳥取藩池田家）」（鳥取県立博物館「とっとりデジタルコレクション」）
小井川百合子編『伊達政宗言行録—木村宇右衛門覚書—』新人物往来社、一九九七年
「御本家様御老女江御文通下書」「御本家様御老女衆江御文通下書覚帳」（一関市博物館所蔵「一関藩田村家文書」）
「御老女中浜野他二名連署起請文」「御中老女中書継起請文」「但木顕行・遠藤守信連署起請文」（仙台市博物館所蔵伊達家寄贈文化財）
「女中帳」（国立公文書館所蔵）
「新庄藩系図書二」（山形県新庄図書館編『郷土資料叢書』一六、山形県新庄図書館、一九八四年）

「宣寿院様在所御下之節御遊覧毎所真写」（一関市博物館所蔵）
「前世界雑話稿」（『明治百年史叢書　松平春嶽全集』一、原書房、一九七三年）
仙台叢書刊行会編『仙台叢書』六「伊達家譜抜粋」〔復刻版〕宝文堂、一九七一年
仙台叢書刊行会編『仙台叢書　伊達世臣家譜』二、〔復刻版〕宝文堂、一九七五年
田辺希績・平重道・齋藤鋭雄編『仙台藩史料大成二　伊達世臣家譜続篇』四、〔復刻版〕宝文堂、一九七八年
平重道編『仙台藩史料大成　伊達治家記録』三・七・一七、〔復刻版〕宝文堂、一九七二年
高橋あけみ「「御奥方格式」について」『仙台市博物館調査研究報告』三二・三三合併号、二〇一三年
荻生徂徠『政談』（辻達也・丸山真男他校注『日本思想大系三六　荻生徂徠』岩波書店、一九七三年）
東京帝国大学『大日本古文書　家わけ第三　伊達家文書之二〜九』〔復刻版〕東京大学出版会、一九六九年
長谷川成一校訂『御用格（寛政本）』下巻、弘前市、一九九一年
八王子市郷土資料館編「萩島家文書（薩摩藩奥女中関係）二」『郷土資料館資料シリーズ』四九、二〇一〇年
盛岡市教育委員会編『盛岡藩家老席日記　雑書』三〇・四二〜四九、東洋書院　二〇一三・一七〜二一年
「獅山公治家記録」「楽山公治家記録」（仙台市博物館所蔵）

著者紹介

一九五五年、秋田県に生まれる
一九八一年、お茶の水女子大学大学院人文科学研究科修士課程修了
現在、東北学院大学文学部教授

〔主要編著書〕
『近世の女性相続と介護』（吉川弘文館、二〇〇七年、第二二回女性史青山なを賞受賞）
『〈江戸〉の人と身分四　身分のなかの女性』〈編著〉（吉川弘文館、二〇一〇年）
『ジェンダー史叢書八　生活と福祉』〈編著〉（明石書店、二〇一〇年）
『江戸時代の老いと看取り』（山川出版社、二〇一一年）

歴史文化ライブラリー
568

江戸のキャリアウーマン
奥女中の仕事・出世・老後

二〇二三年（令和五）三月一日　第一刷発行

著　者　柳《やなぎ》谷《や》慶《けい》子《こ》
発行者　吉川道郎
発行所　株式会社　吉川弘文館
東京都文京区本郷七丁目二番八号
郵便番号一一三—〇〇三三
電話〇三—三八一三—九一五一〈代表〉
振替口座〇〇一〇〇—五—二四四
http://www.yoshikawa-k.co.jp/
印刷＝株式会社　平文社
製本＝ナショナル製本協同組合
装幀＝清水良洋・宮崎萌美

ISBN978-4-642-05968-8

歴史文化ライブラリー

1996. 10

刊行のことば

現今の日本および国際社会は、さまざまな面で大変動の時代を迎えておりますが、近づきつつある二十一世紀は人類史の到達点として、物質的な繁栄のみならず文化や自然・社会環境を謳歌できる平和な社会でなければなりません。しかしながら高度成長・技術革新にともなう急激な変貌は「自己本位な刹那主義」の風潮を生みだし、先人が築いてきた歴史や文化に学ぶ余裕もなく、いまだ明るい人類の将来が展望できていないようにも見えます。このような状況を踏まえ、よりよい二十一世紀社会を築くために、人類誕生から現在に至る「人類の遺産・教訓」としてのあらゆる分野の歴史と文化を「歴史文化ライブラリー」として刊行することといたしました。

小社は、安政四年（一八五七）の創業以来、一貫して歴史学を中心とした専門出版社として書籍を刊行しつづけてまいりました。その経験を生かし、学問成果にもとづいた本叢書を刊行し社会的要請に応えて行きたいと考えております。

現代は、マスメディアが発達した高度情報化社会といわれますが、私どもはあくまでも活字を主体とした出版こそ、ものの本質を考える基礎と信じ、本叢書をとおして社会に訴えてまいりたいと思います。これから生まれでる一冊一冊が、それぞれの読者を知的冒険の旅へと誘い、希望に満ちた人類の未来を構築する糧となれば幸いです。

吉川弘文館

歴史文化ライブラリー

近世史

慶長遣欧使節 伊達政宗が夢見た国際外交——佐々木 徹
徳川忠長 兄家光の苦悩、将軍家の悲劇——小池 進
女と男の大奥 大奥法度を読み解く——福田千鶴
大奥を創った女たち——福田千鶴
江戸のキャリアウーマン 奥女中の仕事・出世・老後——柳谷慶子
細川忠利 ポスト戦国世代の国づくり——稲葉継陽
家老の忠義 大名細川家存続の秘訣——林 千寿
隠れた名君 前田利常 加賀百万石の運営手腕——木越隆三
明暦の大火 「都市改造」という神話——岩本 馨
〈伊達騒動〉の真相——平川 新
江戸の政権交代と武家屋敷——岩本 馨
江戸の町奉行——南 和男
大名行列を解剖する 江戸の人材派遣——根岸茂夫
江戸大名の本家と分家——野口朋隆
〈甲賀忍者〉の実像——藤田和敏
江戸の武家名鑑 武鑑と出版競争——藤實久美子
江戸の出版統制 弾圧に翻弄された戯作者たち——佐藤至子
武士という身分 城下町萩の大名家臣団——森下 徹
旗本・御家人の就職事情——山本英貴
武士の奉公 本音と建前 江戸時代の出世と処世術——高野信治
近江商人と出世払い 出世証文を読み解く——宇佐美英機
宮中のシェフ、鶴をさばく 江戸時代の朝廷と庖丁道——西村慎太郎
犬と鷹の江戸時代 〈犬公方〉綱吉と〈鷹将軍〉吉宗——根崎光男
紀州藩主 徳川吉宗 明君伝説・宝永地震・隠密御用——藤本清二郎
近世の巨大地震——矢田俊文
土砂留め奉行 河川災害から地域を守る——水本邦彦
外来植物が変えた江戸時代 里湖・里海の資源と都市消費——佐野静代
死者のはたらきと江戸時代 遺訓・家訓・辞世——深谷克己
闘いを記憶する百姓たち 江戸時代の裁判学習帳——八鍬友広
江戸時代の瀬戸内海交通——倉地克直
江戸のパスポート 旅の不安はどう解消されたか——柴田 純
江戸の捨て子たち その肖像——沢山美果子
江戸の乳と子ども いのちをつなぐ——沢山美果子
江戸時代の医師修業 学問・学統・遊学——海原 亮
江戸幕府の日本地図 国絵図・城絵図・日本図——川村博忠
踏絵を踏んだキリシタン——安高啓明
墓石が語る江戸時代 大名・庶民の墓事情——関根達人